Histoire secrète de la magie et de la sorcellerie

Des origines à nos jours

Avertissement

Fruit d'un travail de recherche qui n'occulte pas certaines parties très sombres de la magie, les derniers chapitres de ce livre contiennent des scènes violentes - impliquant du sang et de la violence physique - pouvant choquer certaines personnes.

Aussi est-il préférable de l'adresser à un public averti.

Première édition - Éditions Bussière - ISBN : 978 285090-2604

ISBN : 978285090-8279

Richard Bessière

Histoire secrète de la magie et de la sorcellerie

Des origines à nos jours

Éditions Bussière
34, rue Saint-Jacques
75005 Paris

THE UNIVERSE OF BEING
The Elements of Matter

Introduction

Le présent ouvrage est une réaction contre la science positive qui a toujours essayé de jeter sur la Magie un manteau de confusion, si bien que le non-initié se sent, dans cette accumulation désordonnée, glisser dans un océan de polyvalence gratuite et désespérante. Aussi convient-il d'intégrer les faits magiques dans l'ensemble de nos connaissances, du moment que l'homme d'aujourd'hui a du mal à tolérer la coexistence des deux domaines de pensée qui ne s'articulent pas entre eux. C'est, je pense, le meilleur préliminaire à donner à cet ouvrage.

Occulte, magique, signifient caché. Mais s'il nous fallait ranger dans l'occultisme, dans le magique, tout ce qui nous est caché, il faudrait y comprendre l'imagination poétique et musicale, la métapsychique, les lois mathématiques de la relativité, la lumière électrique dont nous ignorons la nature, les remous de la conscience collective, les forces qui nous poussent à aimer les uns et à ignorer les autres, le génie, le sex appeal, les origines et les destins de notre société, en gros, a peu près toutes les sciences humaines.

À ce titre encore, la physique nucléaire est une science occulte, magique, au bon et au mauvais sens du terme, et sa connaissance exige une très sérieuse et très longue initiation. Doit-on dire pour autant que les savants cachent leurs secrets ? Absolument pas, mais il y a des choses qu'on n'explique pas à n'importe qui, parce que tout le monde n'est pas capable de devenir physicien de l'atome, même si le domaine des grands secrets est accessible à tout le monde.

Quant à dire que les grands secrets livrés au public seraient trop dangereux, c'est à mon avis, une formule toute prête pour sourds-muets-aveugles. Non, les grands secrets scientifiques et magiques se gardent d'eux-mêmes, parce qu'il est pratiquement impossible, dans ces systèmes de notions, de comprendre l'intérieur depuis l'extérieur. La science magique est la considération théorique de ce que, de l'extérieur, rien ne peut se comprendre.

Cela porte un nom : l'ésotérisme qui désigne le sens intérieur et profond de toutes choses, car le sens ésotérique n'est pas caché. L'ésotérisme n'est pas l'hermétisme, seuls le saisissent ceux qui digèrent une à une les grandes vérités traditionnelles et qui iront jusqu'au sacrifice d'eux-mêmes dans le chemin de l'initiation qui mène, selon Jung, à l'appréhension directe du Réel.

Il est important de dire aussi que la magie n'est pas toujours dirigée vers le positif et qu'en dehors des voies pararationnelles, elle a aussi son côté foncièrement mauvais : c'est la Magie Noire appelée encore Sorcellerie ou Goétie.

Cet ouvrage met en garde contre ces pratiques dangereuses et le lecteur pourra ainsi, parmi les grands arsenaux de la science magique, connaître les tendances qui lui sont offertes dans le miroir de l'aventure humaine.

Aussi, avant d'aborder le sujet de cet ouvrage, il importe d'indiquer au lecteur la distinction qui existe entre Magie et Sorcellerie, même si les deux semblent se confondre quelquefois lorsqu'il s'agit de Magie Noire.

Les forces invisibles

Concernant la Sorcellerie, disons que celle-ci est essentiellement une religion, peut-être la plus ancienne du monde, du fait qu'elle possède son culte, ses pouvoirs occultes et ses rites cérémoniels. Le développement et l'utilité de ces pouvoirs remontent à plus de 4000 ans, lorsqu'à l'aube de sa conscience l'homme a commencé à concevoir l'existence de forces extérieures à lui-même et à son environnement.

Il en va différemment avec la vraie Magie dont le rôle est basé sur l'Esprit et qui est toujours liée à l'aspect actif ou volontaire de l'activité physique, même si ces forces de l'esprit restent encore pratiquement rejetées par la science actuelle qui confond souvent magie et miracle. C'est sur la complémentarité des lois scientifiques et des lois magiques qu'il nous faut insister surtout si nous considérons que l'univers possède sa face intérieure et sa face extérieure.

Nous savons que la pratique de la Magie est un travail long et pénible et qu'on ne l'emploie que pour obtenir des résultats que l'on ne peut espérer par des moyens naturels, c'est-à-dire par les lois ordinaires de la nature. Cette science, secrètement enseignée, était cachée aux profanes, d'où son nom de « science occulte ». Cette science existe. Elle est d'ailleurs précisée par Paracelse, le célèbre alchimiste, lorsqu'il dit *« La Magie est un art très complexe, c'est par excellence la science des choses surnaturelles. »*

Une meilleure définition semble nous être donnée par Eugène Canseliet, l'un des grands maîtres de l'alchimie, qui nous dit : *« La magie est avant tout l'Art divin qui consiste à prendre contact avec l'âme universelle et, par elle, à dominer les forces spirituelles, invisibles dans l'espace comme dans la substance. Or ce pouvoir exige de l'homme l'absolue maîtrise de soi-même, le rigoureux contrôle de son psychisme et de ses facultés, en un mot le développement de ses dons magiques à l'état latent et de chaos. »*

Je dirai, pour ma part, qu'il faut d'abord prendre conscience que l'univers est constitué d'énergies et que ces énergies sont le fil conducteur de tout ce qui se produit aussi bien en nous, autour de nous, que dans l'ensemble même de l'univers. Ce qui revient à dire qu'arriver à contrôler, à manipuler ces énergies, permet de changer, de modifier, le cours des événements.

En réalité, on peut considérer plusieurs sortes de magies : tout d'abord la Haute Magie, qui prétend englober tout le savoir du monde et qui se rapproche de la théologie ou de la philosophie, voire de la science, la Magie vulgaire attachée à des fins pratiques, la Magie Blanche qui tend à protéger, à améliorer notre vie, tout en satisfaisant nos désirs les plus pieux ; et la Magie Noire ou Goétie, qui est la science du Mal, une science qui a fait dériver certains sorciers et dont le monde moderne a conservé l'image. Son but est de détruire et de faire souffrir, tout en étant basée sur des spéculations occultes de tous niveaux.

Aujourd'hui, parce que beaucoup se désintéressent de ce phénomène, on fait semblant d'oublier les mises en garde des grands occultistes. Malgré la brèche ouverte par Nietzsche dans nos croyances et sur l'objectivité de la méthode expérimentale, nous persistons à faire croire à nos enfants qu'ils sont protégés par une certaine bienveillance universelle (sur le plan spirituel, cela s'entend) alors que le Mal gagne notre société comme une tache d'huile qui ne cesse de se répandre.

Le Mal est contagieux, et par son refus d'agir, l'humanité actuelle, par impuissance ou incompétence peut-être, forge chaque jour sa propre magie noire et ses propres démons. Même la politique de l'autruche est dangereuse, surtout quand des savants eux-mêmes couvent les oeufs du Malin.

Cet ouvrage n'a d'autre but que de nous éclairer sur la persistance de l'esprit magique, quelquefois sous une forme voilée et insidieuse dans notre civilisation scientifique et technique, de bien séparer la Magie Noire de la Magie Blanche, d'ouvrir la porte de domaines inconnus qui échappent encore aux investigations du savant, de concilier le rationnel et l'irrationnel, le savoir ésotérique et la réflexion scientifique, cela en nous replongeant dans la littérature des anciens grimoires et de toutes les sources de la magie et de la sorcellerie, sources intarissables de phénomènes qui méritent qu'on y regarde de plus près.

C'est ce qui est proposé au lecteur au fil des pages suivantes, en lui faisant bien comprendre que la magie, de tout temps, a souvent été étroitement liée avec la religion et la science, toutes trois ayant les mêmes désirs : c'est-à-dire le Savoir et le Pouvoir.

Chapitre 1

Si l'histoire de la magie nous était contée

Je pense qu'il faut tout d'abord nous débarrasser d'un obstacle subtil qui consiste à vouloir penser que nos ancêtres les plus lointains utilisaient les mêmes systèmes de références intellectuelles que les nôtres, car rien n'est plus faux que de leur prêter la même façon d'appréhender le monde.

Dans les sociétés primitives

Contrairement à ce que l'on a pu dire ou écrire, les hommes d'autrefois n'étaient pas si malheureux que ça. Ils vivaient même dans une période d'abondance véritable, malgré leur condition de vie qui était loin d'être celle qui est la nôtre aujourd'hui. Le fait de vivre dans une caverne n'était pas coercitif, puisqu'ils ne connaissaient aucun autre système d'habitat. L'homme se rend malheureux lorsqu'il ne peut obtenir ce qui existe autour de lui, mais jamais pour ce qu'il ne connaît pas.

Alors, imaginons ces premières sociétés vivant de pêche, de chasse et de cueillette, une recherche de la subsistance pouvant être estimée à une ou deux heures par jour en moyenne pour chaque membre de la collectivité. Le reste du temps était employé à discuter, à réfléchir et à rêver. Quoi d'étonnant alors à ce qu'ils aient pu imaginer que leur univers ne se limitait pas aux seules forces mécaniques et physiques, mais qu'il en existait d'autres, bien plus importantes, qui avaient une influence sur la vie quotidienne.

C'est, en premier, l'antique magie lunaire, la magie d'une Lune qui, par ses retours réguliers en différentes phases, mesure l'arrivée probable d'un animal migrateur ou la croissance de telle ou telle plante indispensable à la nourriture, ce qui amenait l'homme en tenant un calendrier à jour, « à agir sur la Lune sympathiquement ». De là une association intime entre les activités matérielles et les inspirations symboliques de l'homme.

La Magie est née avec l'arrivée des premiers sorciers

Il s'agit de ces hommes Cornus que l'on voit, sur les dessins d'une grotte, transpercer le double de l'animal vivant, usant ainsi, et déjà, d'un envoûtement qui fera tomber abondamment le gibier sous les coups des chasseurs. C'est ce que nous voyons dans la grotte des Trois Frères, dans l'Ariège, où l'on observe un sorcier masqué envoûtant des bisons.

On découvre encore beaucoup d'animaux dont le corps est transpercé de flèches de sagaies, de harpons faisant jaillir leurs entrailles et aussi un ours transpercé de flèches qui vomit du sang. Ces représentations ne sont en réalité que des scènes d'envoûtement magique.

En agissant ainsi le sorcier Cornu mettait en mouvement des forces qui, par analogie, devaient aboutir à des causalités précises dans le monde matériel.

À préciser que le dieu Cornu n'a aucun rapport avec le Satan de l'Église qui personnifie le mal. Le dieu Cornu était le dieu de la chasse ; les bois et les chants lui appartenaient. C'était le dieu des fermiers et des bergers. Il était Faunus, Sylvain et Pan, véritable personnification de la nature. C'était aussi le Dieu de la mort, mais comme il symbolisait le phallus fécondant, il était aussi le Seigneur de la Vie. On peut comprendre qu'étant affublé de cornes, le dieu Cornu ait été confondu par l'Église avec le Diable lui aussi cornu.

Dans cette magie primaire interviennent aussi les offrandes aux dieux de la fécondité, avant de partir à la chasse, et aussi celles pour apaiser le courroux des dieux destructeurs répondant toutes sortes de calamités (grêle, tonnerre, tempête, etc.) et dont les forces demeuraient étroitement liées à l'environnement naturel.

Le temps passe et la transformation des idées symboliques amène à la création de dieux individualisés auxquels chaque peuplade va donner des noms particuliers. Et ces dieux seront invoqués dans la fabrication de statuettes d'argile qui ont une valeur de protection, en défendant tel ou tel groupe contre les démons ennemis, contre le malheur et la maladie.

C'était là l'une des plus grandes idées magiques : se rendre maître de la forme pour être maître de la chose, de l'animal ou de la personne. Et c'est dans cet esprit qu'apparaîtront les premiers rites de la Magie Noire, arme d'usage contre la magie officielle.

C'est au deuxième millénaire avant notre ère qu'apparaissent les Aryas

Ce peuple occupait, au nord, l'actuel Turkestan, à l'Ouest, le Zagros, entre l'Iran et l'Irak et, à l'Est, le Cachemire qui le fera s'étendre sur toute l'Inde. C'est l'empire du Mitanni. Faute de documents écrits, on ignore comment opéraient les anciens magiciens aryens, mais si l'on se réfère à l'Atharva Véda, qui appartient aux livres sacrés de l'Inde, nous avons connaissance des formes rituelles, des chants liturgiques et des incantations magiques utilisés par les Indo-européens Atharva Véda (traduction de V. Henry. Paris 1896).

Dans ce livre sacré, on y trouve aussi des moyens pour lutter contre les maléfices des sorciers qui utilisaient des poupées à la ressemblance de la personne que l'on voulait maléficier. Cela porte le nom de voult. Le voult est une effigie de cire, une poupée à l'image de la victime pouvant créer un lien avec elle. Si le lien est solidement établi, la personne visée peut souffrir physiquement des blessures infligées à son image par de fines aiguilles plantées dans telle ou telle partie de la figurine. C'est une question de résonance. Ces pratiques existent encore aujourd'hui (nous y reviendrons dans un prochain chapitre).

Mais cela implique un bon entraînement, une imagination vive, un grand contrôle de soi-même, une concentration profonde et aussi beaucoup de détermination et de foi. C'est la raison pour laquelle il existe très peu d'individus voulant nuire à ce point aux autres, qui possèdent les pouvoirs psychiques nécessaires à de telles opérations. Mais ceux qui s'y adonnent peuvent grâce à une cérémonie de contre-envoûtement recevoir sur eux le maléfice, celui-ci leur revenant à la manière d'un boomerang. (Je reviendrai sur ce sujet dans un prochain chapitre consacré à l'envoûtement et aux jeteurs de sorts).

Concernant les envoûtements, des invocations contenues dans le Kaucika Sutra, nous révèlent le cérémonial du brahmane exorciste :

« Maléfice sur le faiseur de maléfices ! Et malédiction sur le maudisseur ! Nous retournons et repoussons le « voult » afin qu'il aille tuer l'envoûteur. Celui qui t'a dit : « Pars, remonte le courant à son encontre et retourne à lui », ô voult, ne viens pas nous chercher, nous qui sommes sans péché » ! Il est des envoûteurs savants qui t'ont fabriqué et lancé, mais voici le sauveur qui détruit l'envoûtement, le détourne et lui fait remonter le courant. Il

y a dans notre maison des épées de bon métal, et nous connaissons, ô voult, tes membres un à un. Je vais te couper gorge et pieds, ô voult, sauve-toi ! Qu'Indra et Agni nous protègent, eux les maîtres des créatures. »

Ces invocations, empreintes d'une profonde naïveté, ne sont pas gratuites. Le Brahmane exorciste se débarrassera de la poupée porteuse d'envoûtement qu'il enterrera près de la demeure de l'ennemi, et ses honoraires se monteront à dix vaches !

L'Église et la Magie

Si l'Église reste assez contradictoire dans ses jugements envers la Magie, qu'elle soit Blanche ou Noire, reconnaissons qu'elle n'a pas été la dernière à en user, même si elle s'en défend, proscrivant la Magie jugée illicite et permettant celle qui lui semblait bénéfique.

D'ailleurs, d'après la Bible, notre père Adam n'a-t-il pas été le premier magicien de l'humanité puisque l'Éternel, nous est-il dit, le chargea « de donner des noms à tous les animaux domestiques, aux oiseaux du ciel et à tous les animaux des champs » ? On comprend facilement qu'en « nommant » toute créature, Adam, d'après la Tradition, les appelait magiquement à l'existence que Yahweh leur donnait. Cela aurait été indiqué dans le précieux livre que l'ange Raziel remit à Adam au moment où celui-ci était chassé du paradis terrestre.

Restons dans l'histoire biblique et tournons un autre regard vers le roi Salomon qui fut l'un des plus grands praticiens du Grand Art, et dont les rites figurent toujours dans les livres classiques de la Magie opérative, même si par souci de rédemption, l'Église, en bonne conscience, s'est efforcée de présenter un Salomon repenti à la fin de sa vie et se livrant à la confession de ses fautes. Mais elle passe sous silence la véritable nature de ce personnage dont les Clavicules ne sont autres qu'un authentique traité de Magie Noire.

Nous sommes encore dans le paradoxe, car, contrairement à la tradition ésotérique, le judaïsme a tout de même été, au départ, l'adversaire acharné de la Magie. Les textes anciens font foi. Voilà ce que nous dit le Deutéronome : *« Qu'on ne trouve chez toi personne qui fasse passer son fils ou sa fille par le feu, personne qui exerce le métier de devin, d'astrologue, d'augure, de magicien, d'enchanteur, personne qui consulte ceux qui évoquent les esprits ou disent la bonne aventure, personne qui interroge les morts. Car quiconque fait ces choses est en abomination à l'éternel. »*

Il est vrai qu'il s'agit là du judaïsme antique et que des textes plus récents comme la Kabbale ou le Zohar (VIe- VIIe siècle et XIIIe après J.-C.) regroupent les traditions égyptienne, chaldéenne, syrienne, hellénique, gnostique et arabe, recueils d'ailleurs fort copieusement enrichis de magie d'emprunt et faisant état d'une magie universelle.

Mais, qu'importe, la *Clé de Salomon* demeure le parfait manuel du magicien noir où nous sont dévoilés des noms de diables possédant chacun la clé d'une malédiction, ainsi que celui de l'ange dont l'intercession a le pouvoir d'annuler leurs influences maléfiques, c'est-à-dire le moyen d'entrer en contact avec les forces de l'invisible, qu'elles soient bonnes ou mauvaises.

Il n'y a qu'à considérer son hexagramme. Entre les deux cercles qui entourent le sceau, lequel est constitué par une étoile à six branches engendrée par deux triangles équilatéraux entrecroisés, nous pouvons lire : *« Adam et Ève, dehors Lilith la Première Ève, Shamiel, Hasdiel, Sanaoï, Sansenoï, et Semanguelof, ils sortiront pour toi, pour te garder dans tes chemins. Amen Selah. »* Autour du cercle, aux quatre coins de l'amulette, sont inscrits les noms des fleuves du Paradis : Pishon, Guihon, Hidekel (le Tigre) et Parat (l'Euphrate).

Parmi les démons invoqués par Salomon, il en est un qui mérite une attention particulière, c'est Asmodée, plus connu des Hébreux sous le nom d'Ashma Daéva ce qui signifie, en traduisant le mot lettre par lettre (chaque lettre dans la langue hébraïque ayant une signification particulière) « gardien de trésors ». Ce « gardien de trésors », d'après le récit biblique, n'était-il pas, en effet, le gardien du Temple de Salomon ?

Le Talmud rapporte d'ailleurs une bien singulière histoire au sujet de ce démon. Il nous est dit que le roi Salomon possédait un anneau magique qu'il pouvait attacher au nez d'un possédé afin de le libérer du démon qui était en lui. Au contact de l'anneau, le démon jetait le malade à terre et l'abandonnait aussitôt. Cet anneau, disait-on, lui avait été donné par l'ange Raphaël et était gravé d'une étoile à cinq pointes pour subjuguer les démons.

Le rusé Asmodée provoque un jour le roi en prétendant qu'il n'est rien sans cet anneau. Piqué dans son amour propre, Salomon retire l'anneau de son doigt et Asmodée s'en empare aussitôt. Quelle imprudence ! Dans un accès de rage et de colère, les lions et les aigles sculptés sur le trône royal se mettent à rugir et à battre les ailes. Mais il est trop tard. Fort de sa puissance Asmodée transforme le souverain en un vil esclave qu'il transporte à des centaines de lieux. Asmodée prend lui-même l'apparence du roi Salomon et pendant quelque temps jouit des plaisirs souverains que lui offre le harem.

700 princesses, précise la Bible, et 300 concubines. Certains auteurs anciens parlent même de 4 000 créatures exquises logées dans le plus grand palais d'Orient et aussi de l'une d'elles qui semble avoir eu la préférence de Salomon : une « déesse à tête de vache » probablement Hathor du panthéon égyptien, à laquelle le roi offrait des fleurs (le lotus et la rose), des pigeons, des chevaux, des crustacés, symbole de la terre, de l'air et de l'eau.

Enfin bref, pour que tout retour arrière soit impossible, le démon préfère se séparer de l'anneau et le jette dans la mer. L'histoire pourrait s'arrêter là si l'imprévisible n'intervenait pas quelquefois pour changer le destin des hommes. Et c'est bien ce qui se passe. Un poisson affamé vient à passer et engloutit l'anneau. Un homme pêche le poisson et va le vendre au palais. Immédiatement, un esclave est chargé de cuire l'animal et de le préparer pour le prochain repas. Mais au moment où il ouvre le ventre du poisson, il découvre l'anneau. Le lecteur a compris que cet esclave n'est autre que Salomon lui-même. Brusquement, le roi devine le jeu du démon, remet au doigt la bague magique et tout revient dans l'ordre.

Cette légende, si amusante soit-elle, aura pourtant une importance considérable, car elle engendrera le grand usage du cercle de protection institué par Salomon dans les évocations de démons dont il sera question dans un prochain chapitre.

Moïse, un bien étrange magicien

Si la magie de Moïse, spécifiquement juive elle aussi, n'a pas connu la même popularité que la magie salomonique, il n'en reste pas moins qu'elle mérite d'être signalée au lecteur pour la simple raison que l'Église, une fois encore, ne présente pas Moïse comme un très grand magicien, mais simplement comme un amuseur de foire qui exécute devant Pharaon quelques petits tours pour le persuader de laisser repartir les hébreux dans les pâturages de Palestine.

Si l'on s'en tient aux Écritures, tout le monde connaît ce que Moïse fait accomplir à son frère Aaron : le bâton changé en serpent, l'eau du Nil changée en sang, le pays envahi par les grenouilles et les sauterelles, et le sable métamorphosés en nuées de moustiques ; les magiciens égyptiens, nous précise-t-on, étant capables de reproduire eux-mêmes, et sans difficulté, de semblables phénomènes.

Et comme Pharaon refuse toujours de laisser partir les Hébreux, Moïse va plus loin en opérant lui-même. Et ce sont les terribles Plaies d'Égypte, dont la dixième fait mourir tous les premiers-nés du premier-né de Pharaon jusqu'au premier né du captif dans sa prison, sans oublier tous les premiers-nés des animaux !

Un tel massacre, une telle horreur est un acte de Magie Noire. Et la mise en oeuvre du *Glaive de Moïse*, dont nous devons la découverte au Professeur Gaster, dans un manuscrit syriaque du XIIIe siècle, nous plonge une fois de plus dans la magie la plus élevée et aussi la plus secrète, car on ne doit confier à personne son intention d'accomplir la conjuration des Saints Anges (voir le *The Sword of Moses* de M. Gaster). Le manuel donne 136 opérations proprement dites avec un résultat bien précis pour chacune d'elles (possession, enchantement, incantation aux désirs d'amour et voeux de haine). Un bien curieux saint homme à qui nous devrions (c'est l'Église qui parle) la rédaction des premiers chapitres de l'Ancien Testament ! Sans autre commentaire.

Mais ce n'est pas tout. Si nous consultons les Sixième et Septième Livre de Moïse, qui ont été traduits en 1520 d'un original hébreu datant du IVe siècle, (sous le pape Sylvestre Ier) nous sommes consternés devant les 7 sceaux de la hiérarchie angélique, le septième donnant tables et signes des anges des quatre éléments et des 7 planètes. Des anges à notre disposition pour intervenir dans les affaires des hommes !

Pour ceux qui ne croient pas aux anges, j'en suis du nombre, alors remplaçons le mot ange par « esprit d'ailleurs », car c'est bien, et nous le verrons dans un prochain chapitre, le sens réel de ces appellations « divines ».

Pour le grand poète grec Hésiode (neuf siècles avant J.-C.) ces esprits de l'au-delà ne sont autres que ce que deviennent les hommes après leur mort. Un dieu ne pouvant avoir un commerce direct avec les hommes, on attribuait alors le rôle d'intermédiaire à ces esprits pouvant se révéler à l'homme soit pendant le sommeil soit par toute autre manifestation. Ce qui reste, on le voit, la base des sciences occultes. D'autre part encore, ajoutons que le christianisme adopta d'enthousiasme cette théorie qui se survit encore de nos jours dans la croyance de « l'ange gardien ».

Mais la magie de Moïse revêt bien d'autres formes. Pour délivrer son peuple de la plaie des serpents, il nous est dit qu'il doit confectionner dans le désert un serpent d'Airain : une sculpture ayant le caractère d'un talisman afin de persuader son peuple que les effets sont plutôt divins que magiques.

La redoutable magie talismanique

Nous sommes toujours dans les correspondances et les sympathies analogiques. Aussi est-il curieux, comme le raconte Grégoire de Tours (538-594), de voir les Parisiens de son époque découvrir, lors de la construction d'un pont, d'étranges monnaies magiques montrant l'une un rat, l'autre un serpent et une autre encore une flamme. Ces talismans furent détruits. Et que se passa-t-il ? D'après Grégoire de Tours, depuis cet instant Paris connut l'invasion des rats et des serpents ainsi que de nombreux incendies : trois plaies qui, jusqu'alors, avaient épargné la cité !

L'érudit bibliothécaire de Richelieu, le mage Jacques Gaffarel (1601-1681) nous rapporte, sur ces mêmes sujets, que pendant la prise de Constantinople par Mahomet II, la mâchoire d'un serpent de bronze vint à être brisée. L'image ayant une vertu talismanique, les serpents s'y multiplièrent d'une manière inquiétante.

Encore la Magie dans les récits bibliques

Le récit biblique nous dit que Joseph pratiquait la divination par hydromancie qui est l'art de découvrir une chose cachée en regardant dans l'eau. Ce qu'il fit en cachant un gobelet d'argent dans les affaires de Benjamin, un vase non point destiné à boire, mais, comme nous le dit la Bible, *« pour servir la divination »*.

Le peuple juif, qui avait perdu confiance en la stabilité des puissances terrestres, s'est souvent égaré en des cultes païens vieillis. Une coutume, par exemple, avait pour origine la croyance au transfert des maux humains sur des animaux. C'est ainsi que dans le Nouveau Testament nous voyons Jésus guérir un démoniaque *« qui hurlait jour et nuit, parmi les tombeaux et se meurtrissait avec les pierres »*. Jésus chasse les fils des ténèbres qui, sortant du possédé, entrent dans un troupeau de porcs !

On nous parle également du roi Saül qui, ayant toujours combattu la sorcellerie dans son royaume, eut pourtant recours à la nécromancie pour connaître l'issue d'une bataille au cours de laquelle il devait être fatalement blessé. Il a, une nuit, commercé avec la Pythonisse d'Endor au sujet de son propre sort. La sorcière évoque Samuel, et Samuel surgit du sol, drapé dans un vieux manteau, lui indiquant sa mort prochaine.

Que dire encore de son vertueux successeur, le roi David, lequel ne su jamais se débarrasser de ses croyances magiques. La rouille ayant un jour dévasté les récoltes du royaume, il pensa que la faute venait de Saül dont l'esprit avait déjà rejoint ceux de ses ancêtres. Il porta alors sa vengeance sur nombre de ses fils qui vivaient encore. Il en fit chercher 7, qui *« furent pendus devant le Seigneur »* au début de la moisson du printemps. Il laissa les cadavres se décomposer au bout de leur corde jusqu'à ce que les pluies d'automne les réduisent à l'état de squelette. On rassembla alors les ossements et on les enterra avec honneur dans le sépulcre de leurs ancêtres. Ainsi, l'acte magique était accompli. La puissance magique des dépouilles libérées avait « charmé » la pluie et de là naquit une vieille croyance selon laquelle les os des morts, traités selon certains rites, amènent la pluie lors d'une sécheresse.

Le pire est encore avec Manassé, troisième roi de Juda, qui utilisait les modes de divination les plus sacrilèges. Il répandit, nous dit-on, le sang innocent jusqu'à ce que « Jérusalem en fut gavée ». Des gens étaient égorgés du matin au soir afin que Jérusalem connaisse son véritable destin. Pour cela encore, ce roi du peuple élu prophétisait le Bien et le Mal en examinant les palpitations des entrailles de ses victimes. Nous sommes là, on le voit, dans la sorcellerie noire la plus pure.

La Mésopotamie, à son tour, n'y échappe pas avec ses cohortes de devins, de voyants, de conjurateurs, d'enchanteurs, de chantres, etc., tous les prêtres magiciens usant d'accessoires représentant symboliquement les forces non humaines. Le Moloch des Amanites, par exemple, est une divinité macabre mangeuse d'enfants qui ne s'aventura jamais à Jérusalem. On l'identifiait pourtant au roi Mélech des Hébreux que l'on adorait pour obtenir de bonnes moissons. Mais le prix de Moloch étant trop élevé, le peuple devait brûler ses propres enfants pour lui plaire. Et c'est à grand renfort de cymbales, de tambours et de trompettes que l'on arrivait à étouffer les cris des immolés.

L'Égypte dans la lignée de Babylone

Chez les égyptiens nous retrouvons, fort curieusement d'ailleurs, mais avec quelques variantes toutefois, l'envoûtement babylonien. Il suffit d'écrire sur une statuette le nom d'un individu pour le relier magiquement au souffle vital de ce dernier. Toujours cette puissance du nom comme à Sumer et à Babylone, et chez les Égyptiens aussi, dont nous relevons la formule suivante, ayant trait au jugement du mort dans l'au-delà : *« Quand tu entreras au lieu magnifique vers lequel nous nous hâtons, ne déshonore pas mon nom devant la cour du grand maître de l'empire du couchant. »*

En Égypte les sphinx ouvraient même leur bouche de pierre pour révéler la volonté des dieux. Dans le *Livre du Dragon Apop* qui date de 312 avant J.-C. et qui est conservé au British Museum de Londres (Papyrus n° 10188, dit Bremmer-Rind), il est question de lutter contre ce malfaisant personnage et tous ceux qui rêvent d'attaquer le dieu Ra. On peut lire : *« Dis cette formule sur Apop dessinée à l'encre verte sur une feuille neuve de papyrus. Mets-la dans une boîte sur laquelle tu as écrit son nom, enroules une ficelle tout autour, fais un noeud et jette-la au feu tous les jours après l'avoir foulée du pied gauche et avoir craché dessus par quatre fois tous les jours. »*

« Écris ensuite dans la boîte les noms de tous les hommes et de toutes les femmes que tu redoutes et aussi les noms de leurs pères, de leurs mères et de leurs enfants. Fabrique leur figure en cire et jette-les au feu avec le nom d'Apop. »

À considérer dans cette opération que le noeud a toujours été un important outil magique. En effet, en nouant une cordelette le sorcier enchaîne ses ennemis par un phénomène de causalité analogique. Et cela se fait encore aujourd'hui.

Quant au nom c'est la seule donnée sur laquelle puisse travailler le magicien lorsque sa victime est loin de lui et qu'il ne possède aucun de ses objets personnels pouvant servir de liaison. Voilà pourquoi un nom est une possession précaire qu'il faut jalousement garder. Celui qui le connaît peut pratiquer la magie contre vous à condition, bien sûr, qu'il soit instruit de ces pratiques abominables.

La crainte de ce danger était déjà connue des Égyptiens qui cachaient généralement leur vrai nom et se faisaient connaître par un surnom. Ainsi à la naissance, les Égyptiens recevaient deux noms : le vrai, le grand, et le moindre. Ce dernier était rendu public tandis que le grand incarnait toute la puissance magique de la personne. C'est ainsi qu'Aménophis IV avait pris l'appellation d'Akhenaton.

Les mots dans la langue magique

C'est avec des noms, des mots, soit d'origines diverses, soit composés au gré de la fantaisie, que les prêtres sorciers ayant rompu avec les règles sévères de la Tradition ésotérique appelaient les dieux afin qu'ils puissent exercer leur pouvoir surnaturel. Tout cela se déforma encore par la suite. Les mots de la langue magique, transmis à travers les siècles, composèrent de bizarres expressions si bien que peu d'hommes ont su à quel dieu elles étaient destinées.

À titre d'exemple, il est donné ici un texte extrait du *Sixième Livre de Moïse* :

> *« Moi, NN, un serviteur de Dieu, te désire, t'appelle OCH et t'invoque par l'Eau + par le Feu, par l'Air et la Terre, par ce qui y vit et y bouge et par les Saints Noms de Dieu Agios, Téhirios, Perailitus, Alpha et Oméga, le commencement et la fin, Dieu et homme, Sabaoth, Adonaï, Agla Tétragrammaton, Emmanuel, Abua, Deus Elion, Torna deus Salvator, Aramma, Messias, Clerob, Michael, Ambriel, Achicol, Gachénas et Peraim Dei Filii et Peraim Dei Spritus Teti, et par ces mots SALOMON et MANASSES, CRIPINUS et AGRIPPA, ont invoqué les esprits et par lesquels tu sois obligé et que toi NN fasse comme Isaak a accompli à Abraham, ainsi soi-même obéissant et apparaît (sic) à moi NN sous l'apparence d'un jeune homme doux et beau et apporte-moi ce que je désire. »*

On se demande qui a bien pu traduire ce texte qui nous apparaît comme un véritable charabia, mélange de phrases incomplètes faites de français, de latin de cuisine, de grec approximatif, sans oublier d'hébreu, mais aussi des citations de Salomon et d'Agrippa. On n'y comprend rien ! Mais il n'en demeure pas moins que ces antiques verbiages subsistent encore de nos jours parmi des sociétés secrètes qui les utilisent dans leurs opérations de sorcellerie.

La magie opérative n'épargne pas la Grèce

La Grèce a été profondément marquée par les croyances orientales si bien que les philosophes hellènes avaient, eux aussi, réputation de magiciens comme Héraclite, Thalès, Pindare, Socrate, Xénophon et Apollonius de Tyane. Pour eux, la magie devait avoir un propos bénéfique et servir l'humanité en faisant appel à la puissance magique des dieux qui, une fois descendus au royaume des morts, les aidaient à vaincre les puissances infernales et à gagner le « séjour des bienheureux ». Ainsi, la magie des Mystères apportait à l'homme une espérance.

Mais si les opérations magiques étaient punies de mort quand elles avaient un caractère criminel, il n'empêche qu'Apollonios de Tyane, considéré en Asie Mineure comme le rival de Jésus de Nazareth, fut un jour accusé d'avoir sacrifié un jeune garçon pour lire l'avenir dans ses entrailles. Il réussit, nous dit-on, grâce à son étrange pouvoir, à hypnotiser foule et magistrats à qui il donna l'impression de se volatiliser dans les airs.

Ainsi peut-on dire encore que dans l'esprit grec le dionysiaque restait vivace et que, malgré leur sagesse, les philosophes hellènes restaient fortement influencés par les croyances et les préjugés de leurs pères où cohabitaient l'obscur, le fantasque et l'extravagant, mais aussi partagés entre les deux types qui dominent la magie grecque, c'est-à-dire ceux de Circé et de Médée, celles-ci considérées comme de véritables goétiennes. Rappelons que la première, splendeur de beauté charnelle, s'était révélée dans l'art de fasciner, de dégrader et d'avilir au point de dominer ses victimes par la violence et la terreur ; la deuxième, créature perverse incitant à la haine, était une empoisonneuse, une tueuse d'enfants, osant faire de la nature la grande complice de ses crimes, avec les herbes mortelles qu'elle allait cueillir avant le lever du jour.

Bien des femmes se joignirent à ces pratiques : courtisanes vieillies, femmes de désirs insatisfaits, jalouses de l'amour des autres, certaines, nous dit-on, allant dans les cimetières violer les sépultures pour obtenir d'affreuses caresses de chairs mortes et glacées et d'autres volant des enfants dans leur berceau qu'elles étouffaient en les pressant contre leurs mamelles pendantes.

C'étaient les lamies dont parlent les anciens textes grecs.

Ces textes nous apprennent que ces créatures sacrifiaient des enfants en les enterrant jusqu'à la tête. Par jeu, elles les laissaient mourir de faim en leur jetant des aliments que les pauvres enfants ne pouvaient atteindre. D'autres fois, on allait jusqu'à leur couper la tête, les pieds, les mains, leurs graisses et leurs chairs étant récupérés dans des récipients afin de confectionner des onguents lesquels, mêlés aux sucs de jusquiame, de belladone et de pavot noir, étaient appliqués sur leur sexe irrité par d'abominables désirs. Après ce massage intime, elles s'évanouissaient dans une léthargie peuplée de rêves sexuels. Avec ses pratiques horrifiantes, nous sommes aux débuts de la magie noire avec utilisation de drogues, d'onguents, de poudre et de philtres enchantés inspirant aussi bien l'amour que la mort.

Ainsi donc, après ce rapide voyage dans le passé, nous venons de voir que la magie est universelle et de tous les temps. Elle a ses racines, nous l'avons dit dans l'antiquité la plus retirée. Mais cette magie, nous allons le voir, nous réserve encore bien des surprises.

Chapitre 2

Les grands secrets perdus

Nous ne connaîtrons jamais le grand savoir presque divin de nos lointains ancêtres. Les hommes ont tout détruit. Il ne reste, à ce jour, que l'espoir de pouvoir comprendre à travers quelques éléments précieusement conservés, ce que nous appelons les débris du Grand Savoir.

Comme on l'a vu dans le chapitre précédent, les hauts arcanes des anciennes civilisations ont connu l'art magique, cette science mystériale devenue, par la suite, l'apanage de quelques initiés d'élite. Mais, si fermes dans leur serment qu'eussent été les initiés, les autorités sacrées ont toujours eu à compter sur les faiblesses humaines. Aussi punissait-on de mort celui qui divulguait la science secrète, parce que la violation pouvait entraîner de pires conséquences.

Dans cet ordre d'idée, souvenons-nous de Moïse qui fait périr dans le désert tous ceux qui avaient pu connaître les Mystères de l'Égypte, de Saint Paul qui, à Ephèse, fait brûler tous les manuscrits traitant des sciences occultes.

Et n'oublions pas encore l'Évangile de Matthieu dont le texte hébreu a été, nous dit-on, traduit par Jérôme (cette traduction n'étant en réalité qu'une fausse transcription, ou plutôt une étroite adaptation du livre original), lequel Jérôme considère comme hérétiques tout autre commentaires que les siens, de même que toutes les autres sectes chrétiennes qui, au départ, se réclamaient du livre original. Ce dernier n'est pas en circulation. Je signale qu'il se trouve, bien rangé, dans les caves de la Bibliothèque du Vatican. La raison ? Elle est simple : l'Évangile en hébreu contient une doctrine ésotérique qui ne doit être connue que de rares initiés et que les grands spécialistes de l'enseignement secret enseignaient à l'origine du christianisme.

De là encore les terribles précautions prises par les grands spécialistes de la doctrine ésotérique, qui pour terroriser le peuple, proclament que la « lumière » est une vapeur de la vertu de Dieu, une clarté « pure » qui tue tout homme qui n'a pas la « qualité » de la recevoir. L'ignorance humaine a peur de l'inconnu. Ainsi, interdit-on au commun des mortels d'approcher Dieu, de le « voir », ce qui est d'ailleurs confirmé dans l'Exode (XXIV 29, 35). Quand Moïse apporta les secondes Tables, nous dit-on, sa face brillait tellement, qu'il fut obligé de la voiler *« pour ne faire mourir personne en parlant au peuple ».* Astucieuse idée qui interdit toute révélation aux non-initiés. Ainsi, pour eux, Dieu reste invisible, inconnu, inaccessible ! Que le lecteur remplace Dieu par « Connaissance », et il aura compris !

À toute interdiction, il y a toujours contrepartie

Cette contrepartie, d'ailleurs assez curieuse, nous la trouvons dans Les *Clavicules de Salomon*, où il nous est dit que celui qui tient en sa main droite le livre magique et dans la gauche la branche d'amandier fleuri, *« pourra voir Dieu face à face et conversera avec les génies qui commandent à toute la milice céleste. »* Et ce qui suit indique que l'homme peut acquérir tous les pouvoirs interdits !

D'autre part, il a fallu que la pensée humaine soit mise à rude épreuve par des conspirateurs, des synarchies organisées qui ne rêvaient que de détruire des secrets devenus gênants. L'empereur Dioclétien, lui-même (284-305 avant J.-C.), détruisit tous les ouvrages d'alchimie contenant les clés essentielles d'une science jugée maudite. Dans une même persécution, il englobe, par un édit rendu vers 300, l'interdiction des calculs astrologiques, la destruction des traités d'alchimie, le zoroastrisme des manichéens et la destruction de tous les livres de Magie.

Le *Livre du dieu Thot égyptien*, souvent identifié avec Hermès Trismégiste, personnage à la fois mythique et réel, est une oeuvre antique qui remonte à des civilisations pré-égyptiennes, peut-être même extraterrestres, selon certains. Il est considéré comme la clé de toute la haute science cachée qui englobe tous les secrets de l'humanité : le grand mystère des corps fluidiques des morts et des vivants, la science des esprits, le secret du pouvoir illimité.

C'est le plus grand « livre maudit » de l'Histoire. Khannaes, l'un des fils de Ramsès II qui le détenait, déclara au dernier moment l'avoir brûlé. Mais s'agissait-il de l'original ou d'une copie ? Nul ne le sait. Ce livre a d'ailleurs été brûlé plusieurs fois. L'Inquisition et de nombreuses sociétés secrètes ont prétendu le posséder, mais nul encore n'a eu le courage d'en publier ne serait ce qu'une partie, les « accidents » étant trop nombreux chez ceux qui ont eu l'imprudence de trop en dire. Une tradition existe aussi : tous ceux qui l'ont eu entre les mains l'ont payé de leur vie.

Aujourd'hui *le Livre de Thot* (ou Table d'Émeraude, selon certains) existe, mais nous n'en possédons que les interprétations superficielles, défigurées et combien corrompues d'une antique science qui nous est inconnue. À moins que le véritable enseignement ait été préservé et transmis par la Tradition qui ne confie qu'aux grands initiés ce savoir interdit venu du fond des âges et inaccessible au commun des mortels. On peut manifester du scepticisme devant cette hypothèse, mais beaucoup le pensent. Alors ?

Dépossession arbitraire, jalousie, tyrannie, vandalisme, autant de facteurs qui ont entraîné les destructions de la célèbre bibliothèque d'Alexandrie qui contenait, on le sait, le plus grand trésor culturel que le monde ait jamais connu. Répétonsle, la folie des hommes est universelle, sans aucune frontière géographique ou morale !

Cela commence avec Jules César en - 48, lors de son entrée à Alexandrie. L'allié de Cléopâtre avait déjà porté un coup de grâce à la civilisation druidique en détruisant Bibracte, une ville où 40 000 élèves étudiaient la philosophie, la magie naturelle, la médecine et l'astrologie. Chose curieuse, et je pense le signaler ici pour la première fois, l'Histoire n'a jamais condamné cet acte de vandalisme qui détruisit en quelques heures le savoir de la civilisation celtique et leurs mystères sacrés.

César agit de même avec la bibliothèque d'Alexandrie, mais, cette fois, des transactions secrètes lui permettent d'entrer en possession de nombreux ouvrages qui seront dirigés sur Rome. Ces ouvrages « interdits » ou du moins une grande partie d'entre eux seraient aujourd'hui, entre les mains des autorités pontificales bien « au chaud » dans des chambres secrètes de la célèbre bibliothèque du Vatican. Il est vrai qu'aucune preuve formelle n'existe à ce sujet aussi, avec les précautions d'usage, nous contenterons-nous d'un simple regard soupçonneux porté vers le Palais de Saint-Pierre.

Et puis vinrent les Arabes qui, en 641, détruisirent la bibliothèque reconstruite, l'émir Omar l'ayant incendié par esprit religieux en déclarant *« que si tous ces livres étaient conformes au Coran* (le Livre de la Vérité) *il n'avait aucune utilité et que s'ils contredisaient le Coran, ils étaient pernicieux. »* Autrement dit, il fallait les détruire.

L'histoire rapporte que ces livres de haute initiation auraient servi à chauffer les bains publics de la ville pendant six mois ! Cela n'étonne pas quand on sait que le fanatisme musulman avait déjà détruit en Perse, et dans l'Islam même, un grand nombre de livres secrets rédigés par des alchimistes, des astrologues et des tenants du Grand Savoir ancestral.

Peut-on oublier encore, plus près de nous, Roger Bacon, l'un des plus grands savants du Moyen-Âge (1214-1294), qui semble avoir possédé, venant du roi Salomon, des textes relatifs aux Grands Mystères. Ces textes maudits furent brûlés sur ordre du pape Innocent VI qui voyait là une méthode permettant d'invoquer les esprits ennemis de l'Église et les entités du monde extra humain. Pour certains, ils étaient écrits en hébreu, pour d'autres, en langue énochienne, une langue inconnue appartenant peut-être à une autre planète ou tout simplement réservée aux grands initiés de l'Art Magique. Mais qui peut affirmer que ces documents ont bien été détruits ?

Les exemples sont nombreux dans l'Histoire

Au XIVe siècle avant J.-C. Akhenaton, en fondant en Égypte la première religion monothéiste, ouvre une brèche dans tous les textes ésotériques contraires à sa pensée. Qu'arrive-t-il ? À sa mort, les anciens prêtres bafoués en font autant en brûlant ses propres oeuvres !

En - 220 l'empereur Qin, en Chine, qui construisit la Grande Muraille, décide, un jour, d'« abolir le passé ». Il détruit toute l'histoire de son pays : les livres sacrés, et toute la philosophie de Confucius à Lao Tseu !

Saladin, en 1171, détruit la bibliothèque du Caire, tandis que les croisés mettent à sac celle de Constantinople qui rassemblait toute la littérature grecque de la non voilée à la plus secrète. Rien n'y échappa !

Torquemada arrive et en 1490 fait brûler à son tour tous les livres d'origine hébraïque : la pensée de Moise et le Talmud s'envole en fumée. Rien que ça !

D'autres encore ? Les communards de la Révolution française détruisent des textes rares qui sont perdus à jamais. L'Allemagne nazie en fait autant, tandis que d'autres, comme Pol Pot, au Cambodge, laissent exploser leur haine du papier en détruisant des textes anciens qui gênent l'asservissement des esprits, de même que Mao Tsé Toung, qui fait brûler par ses gardes rouges tous les livres qui contredisent son régime et qui dévoilent aussi des moyens de s'y opposer... magiquement !

La dégradation des secrets

Durant toute la période où les grands secrets subsistèrent dans leur chasteté mystérieuse, leur enseignement ne se porta qu'à des esprits d'élite destinés à les recevoir. Mais à la longue bien de ces esprits commencèrent à délaisser l'enseignement occulte. Dans ces temples, d'autres encore, nullement initiés, y furent admis et ces non-initiés, venus au pouvoir de différentes façons, transformés en directeurs du peuple ou en gourous divinisés, dépêchaient un serviteur du temple qui tuait aussi discrètement que possible celui qui, au nom de la Grande Vérité, osait lever bien haut l'étendard de la révolte. Que le lecteur se souvienne du mouvement Cathare, de ces adeptes du Graal ouvertement massacrés pour avoir professé des doctrines magico-religieuses allant à l'encontre du pouvoir royal et de l'hégémonie vaticane.

On revient encore à Moïse qui, irrité de ses échecs à la suprême épreuve, combattit les prêtres égyptiens avec leurs propres armes, et souleva tous les esclaves du pays pour en former un peuple à part auquel il divulgua l'un des plus grandes arcannes de la magie secrète : l'Unité de Dieu !

Hélas, petit à petit, et privés de leurs maîtres, les héritiers de fausses traditions, ayant été formés que des débris du Grand Savoir, furent souvent à contre sens de leurs connaissances fragmentées et en usèrent, ou plutôt en mésusèrent, au hasard dans le seul but d'assouvir leurs passions ou celles de leurs admirateurs pour créer ce que nous appelons aujourd'hui : la sorcellerie.

Et cela se comprend quand on sait que des hommes ont volé ou hérité d'objets, de formules, de symboles et sont, de ce fait, devenus de piètres magiciens qui ont malheureusement jeté le discrédit sur des réalités plus profondes et plus substantielles. Et le comble du malheur, on le voit encore aujourd'hui, c'est quand un tel « magicien de foire » rencontre un faux savant et que celui-ci, par zèle et incompétence, prétend « traduire » et comprendre le « sens caché » d'une réalité qui lui échappe. Voilà, pourquoi notre monde actuel a perdu le sens profond de la pensée magique.

Sorcellerie et Magie Noire

À ce propos, une remarque s'impose, en ce sens qu'il ne faut pas confondre sorcellerie et goétie (ou magie noire). Cette dernière science ayant été créée par des initiés qui ont tourné leurs connaissances vers le mal et exécuté avec intelligence les opérations de maléfice qui permettaient d'atteindre leur but. De ce côté, le sorcier ne diffère pas fondamentalement du magicien. À ceci près qu'il vise des résultats maléfiques.

La sorcellerie est différente. Aujourd'hui elle s'est déformée et l'on a souvent tendance à l'attribuer au diable avec les anciennes survivances qualifiées de sataniques où apparaissent de vieilles femmes transformées en sorcières ou en méchantes fées. Alors qu'autrefois elle pouvait s'adapter aux fluctuations des circonstances et apporter une contribution capitale à la société dans divers contextes. Ainsi, la sorcellerie avait évolué du simple culte de la fertilité en une foi qui pouvait offrir à ses adeptes les moyens de vivre mieux et de protéger le cerveau humain contre des circonstances « extérieures » hostiles.

Vieille de quatre mille ans, elle a toujours enseigné le développement et l'utilisation des pouvoirs supranormaux que nous appelons aujourd'hui : télépathie, thérapie par la prière, préconnaissance, seconde vue, voyage astral… Nous voyons d'ailleurs, aujourd'hui, que la science s'intéresse de très près à ces activités supra-physiques qui ont une base solide et positive. Dans un renouveau d'intérêt, nous redécouvrons les valeurs créatrices de l'ancienne magie face au courant rationnel étroit qui subsiste encore en certains milieux scientifiques, c'est-à-dire un retour profond à un comportement qui nous vient du fond des âges.

Chapitre 3

Magie des mots, mystique des nombres

Avec les mots, le pouvoir des formules s'est affirmé en tous temps et en toutes latitudes, mettant en jeu la volonté de l'opérateur dont « l'éclair de la voix illumine ». Les mots sont puissants, tous porteurs d'énergies qui agissent dans les zones interdites de l'inconscient collectif.

Roger Bacon croyait fermement au pouvoir du mot proféré. *« Nous devons considérer, dit-il, qu'il contient une grande force ; tous les miracles, au commencement du monde, étaient issus du verbe. Et le travail propre de l'âme rationnelle est le verbe, dont l'âme se réjouit. Les mots ont un grand pouvoir quand on les prononce avec concentration et désir profond, avec intention droite et confiante. Car, lorsque ces quatre conditions sont réunies, la substance de l'âme rationnelle est mue plus rapidement pour agir, selon sa vertu et son essence sur elle-même et sur les choses extérieures. »*

Un bref résumé de la pensée hébraïque

Selon le *Sefer Yetzirah*, l'écriture de Dieu est la Création, la parole, Son écriture. Comme dans la Genèse, le commencement du monde est Son Verbe, comme dans l'Évangile de Saint Jean, le Verbe s'est fait chair, et comme chez les Égyptiens l'importance donnée à la parole est telle que sans elle rien n'existe.

Mais le nom de Dieu est considéré comme sacré, il ne doit jamais être révélé, sauf aux initiés. Celui qu'on utilise n'est rien d'autre qu'un surnom. Cela se retrouve d'ailleurs dans toutes les pratiques occultes. On suppose pourtant que le roi Salomon avait acquis la connaissance du nom secret de Dieu. De son côté, également, Isis la déesse-mère de la hiérarchie égyptienne, avait découvert, selon la légende, le nom secret de Ra, le Dieu Suprême et cette connaissance lui servait à renforcer sa puissance.

Cette croyance, basée sur le nom à cacher, survit encore dans certaines parties du monde où l'on continue à croire qu'il est dangereux de révéler à quiconque son véritable nom, car celui qui le connaît peut pratiquer la magie contre vous.

Pour les kabbalistes, les mots sont les principes et les lois qui dirigent l'univers

Ils nous disent que, par la parole et l'écriture, l'homme peut pénétrer les secrets de Dieu les plus cachés et grâce à des mots et des signes, opérer des prodiges sur toute sphère d'existence.

C'est l'origine même des voyelles qui a de l'importance dans les sons proférés. Lorsqu'on honore la divinité, disent les théurges, il faut l'invoquer symboliquement avec des clappements de lèvres, des sifflements et des sons sans consonnes. À ce propos, un papyrus gréco-égyptien porte l'invocation suivante :

« Tourné vers l'Orient, la main est tendue vers la gauche, tu diras A. Vers le Nord, le point droit tendu, tu diras E. Tourné vers le midi, les deux mains tendues, tu diras E long. Puis vers le Sud, les mains rentrées vers toi, tu diras I. Regardant à terre et touchant l'extrémité de tes pieds, tu diras O. Regardant en l'air, la main sur ton coeur, tu diras U. Enfin regardant le ciel et les deux mains sur la tête, tu diras O long. »

Parmi d'innombrables livres écrits par les maîtres du gnosticisme un seul est parvenu jusqu'à nous. C'est un manuscrit copte découvert vers la fin du XIXe siècle intitulé Pistis Sophia (foi-Sagesse) dont l'auteur prétendu serait l'apôtre Philippe, écrivant sur l'ordre du Sauveur.

Le livre parle en termes voilés de vingt-quatre Mystères, de Quatre Signes de Sept Voyelles, de Cinq Arbres et de Sept amen, que doit connaître le voyageur à destination du paradis.

En ce qui concerne Jésus, les mots placés dans sa bouche relèvent d'un enchevêtrement d'hébreu, d'égyptien et de persan plusieurs fois copié et recopié jusqu'à devenir incompréhensible. Les masses populaires prononçaient ces paroles sans en connaître l'origine, ce qui préservait leur puissance magique. Il nous est dit dans ce livre que Jésus se tint avec ses disciples sur l'eau de l'océan, invoquant Dieu en disant : *« Écoute moi, mon Père, Père de toute Paternité lumière infinie »* et il ajoutait :

Aeeiouo-iao-aoioia
Psinother-therinops-nôpsither-zagoure
Pagouri-nethmomaoth-nepsiomaoth-markhkhhatha
Thobarran-thaenakhakkkhan-zoroko-thora-jeou-sabaoth !

Sans vouloir abuser de la patience du lecteur, j'ajouterai toutefois que toujours d'après ce livre, Jésus, en disant ces paroles, se tournait, lui aussi, vers les quatre coins du monde avec ses disciples, tous vêtus de longs vêtements de lin, et en disant « iao, iao », pour dire ensuite *« Ô Père de toute Paternité des espaces infinis, écoute-moi pour l'amour de mes disciples que j'ai conduits en TA présence parce que je sais qu'ils croiront chaque parole de Tes Vérités. »*

Cela confirme bien que la puissance du verbe entrait dans l'initiation magique, même dans la bouche de Jésus. Le mot IAO (O long) est certainement une déformation du nom divin Iahweh, mais on peut aussi l'expliquer par la triade planétaire : Soleil, Lune, Saturne. Les voyelles, selon certains, peuvent être disposées en triangle.

À
E E
H H H
I I I I
O O O O O
U U U U U U
Ô Ô Ô Ô Ô Ô Ô

D'autres les disposent selon les quatre côtés d'un carré de façon à former ce que l'on appelle « un carré magique », c'est-à-dire que chaque ligne et chaque colonne comporte une série complète de voyelles.

A E H I O U Ô
E H I O U Ô A
H I O U Ô A E
I O U Ô A E H
O U Ô A E U I
U Ö A E H I O
Ô A E H I O U

Il existe d'autres combinaisons de lettres utilisées à des fins magiques, les rabbins magiciens recommandaient de psalmodier à voix basse chaque ligne du carré.

Il serait trop long de développer ici un tel sujet, disons seulement que le carré magique était à l'usage dès les premières ères de notre humanité et que d'après cette théorie, les nombres sont définis par la constante du carré, les nombres étant égaux à la somme de tous les nombres verticaux, horizontaux ou mis en diagonale, ce que les pythagoriciens appelaient les nombres carrés.

Mais la plus fameuse de ces combinaisons littérales parvenues jusqu'à nous, se retrouve quand nous parlons de « choses abracadabrantes », ce mot venant d'*« abracadabra »*, un mot hébreu palindrome qui peut se traduire par : « Envoie ta foudre jusqu'à la mort », ce qui est une très belle formule pour un talisman de puissance.

Abracadabra est un mot kabbalistique qui selon la manière dont il est prononcé peut-être aussi bien faisant que nuisible. Il est généralement tracé en lettres baroques sur les grimoires.

ABRACADABRA
BRACADABR
RACADAM
ACADA
CAD
A

Malheureusement, les magiciens des XVIe et XVIIe siècles ont presque toujours déformé ces figures magiques, la plupart ignorant leurs significations profondes, ce qui a fait verser les générations suivantes dans la superstition et aussi le désintéressement des non-initiés.

Il faut savoir prononcer les lettres hébraïques

Toujours selon le *Sefer Yetzirah*, les lettres hébraïques sont classées en trois types : les lettres-mères, comme *Aleph, Mem* et *Shin,* les lettres doubles qui, selon les cas, se prononcent en deux sons, comme *Gimmel et Daleth* et les douze lettres simples comme entre autres *Cheth, Teth* et *Yood*.

Aleph est l'air et la prononciation de cette lettre se fait avec une légère aspiration ; *Mem* est l'eau et reste muette, tandis que *Shin*, qui est le feu, se prononce avec une consonance sifflante.

Voici un exemple qui nous est fourni dans le Nouveau Testament, et qui nous est signalé par Charles Lancelin. Dans le verset 46 du 27e chapitre de la traduction officielle (Évangile de Matthieu) nous lisons : *« Et sur la neuvième heure, Jésus jeta un grand cri en disant : Éli, Éli, lama sabacthani ! »* c'est-à-dire : *« Mon Dieu, mon Dieu pourquoi m'as-tu abandonné ? »*

Ces quatre mots en hébreu ont été transcrits dans tous les manuscrits grecs, la transcription est unanime et ne présente aucune difficulté à être replacée en hébreu ou lettre pour lettre, l'expression s'écrit : *Li'Li LMH ShBH-*

hTh-NI. Si l'on traduit cette phrase, nous obtenons : *« Mon dieu, Mon dieu combien tu me glorifies ! »* et non : *« Mon Dieu, Mon Dieu, pourquoi m'as-tu abandonné ? »*

Il faut tenir compte de l'examen massorétique qui met en valeur les sons gutturaux des langues sémitiques, avec les faibles et les fortes aspirations dans les prononciations ce qui dénature les traductions des textes, comme on vient de le voir.

Les premiers kabbalistes ont changé la valeur des lettres

Sans vouloir faire violence à l'Écriture, les kabbalistes pensaient avoir découvert dans les anciens textes des idées cachées qu'il fallait redécouvrir. Pour cela ils eurent recours à différents moyens qui consistaient soit à changer la valeur des lettres soit à substituer une lettre à une autre, ce qui automatiquement créait des mots nouveaux en accord avec l'enseignement kabbalistique. En conservant les mêmes valeurs numériques, on retrouvait les analogies nécessaires à toute compréhension. Ces règles, et d'autres encore plus compliquées datent de la période talmudique du Moyen-Âge.

Aujourd'hui, les kabbalistes modernes sont encore capables de faire des miracles avec le Talmud

Voici une histoire qui m'a été rapportée par des kabbalistes du Moyen-Orient et concernant les juifs de Syrie, lesquels, au cours de la dernière guerre, craignaient que l'invasion germanique, après la Grèce, ne soit dirigée vers leur pays.

Ces derniers cherchèrent secours auprès des kabbalistes Mekkubalim qui se retirèrent pour méditer. Après une nuit de réflexion, la réponse était trouvée. Ils avaient tout simplement changé l'ordre des lettres du mot « Syrie » en celui de « Russie », mot qui, en hébreu, est composé des mêmes lettres. Que croyez-vous qu'il advint ? Tout simplement, qu'influencé par la formule magique inlassablement répétée, Hitler se détournant du Proche-Orient, lança son offensive vers la Russie !

Il m'a été dit aussi que dans une région du Pays de Galles des sorciers, à une époque, ont travaillé jour et nuit pour détourner l'aviation allemande (la Luftwaffe) de ses objectifs vers des embuscades de la R.A.F ; Guerre psychique ? Guerre psychologique ? En tout cas, il est certain que de nombreuses opérations magiques ont eu lieu durant la dernière guerre.

Comprendre l'Univers à partir de nombres et de lettres

C'est surtout la philosophie grecque qui a permis l'idée kabbalistique de la construction de l'univers à partir de nombres et de lettres. Platon et les philosophes néo-pythagoriciens pensaient que les nombres et les lettres pouvaient s'apparenter à des êtres divins doués de pouvoirs surnaturels.

Trois méthodes sont utilisées pour le décryptage de ces textes : le Notarikon, la Témurah et la Guématrie, cette dernière étant à l'origine de notre numérologie actuelle avec des réponses infiniment plus exactes et plus précises.

Rien n'est au hasard, tout est réglé et guidé dans un univers fondé sur l'ordre sonore, mathématique et harmonique des choses, et l'on comprend l'importance apportée à la lecture des textes anciens pour en connaître les secrets et les plus profonds mystères : cela par le son et la vibration émise.

Pythagore enseigne que les planètes, en tournoyant sur elles-mêmes et sur leurs orbites, produisent des sons, des sons que nous n'entendons pas puisque nos oreilles ne leur sont pas accordées. Pour lui la musique et l'harmonie demeurent le mystère de l'univers.

On retrouve la même idée chez Rober Fludd, qui considère le monde entier comme un gigantesque instrument de musique dont Dieu fait vibrer la corde. Une extrémité est attachée à la terre, ensuite un diapason relie Dieu au soleil et un autre tendu entre le soleil et la terre. Toujours selon lui, l'homme étant une réplique de l'univers, il doit donc posséder ce mystérieux instrument. De même que, dans le grand univers, le soleil donne la vie, dans celui de l'homme, le coeur joue alors le rôle du soleil.

La Magie créatrice des forces rythmées

Danser, chanter, jouer de la musique sont des opérations de Magie Blanche, de même que, d'après le Zohar, écrire et lire sont aussi des activités magiques, qui peuvent parfois prendre l'aspect d'un nouveau discours magique en utilisant métaphores ou litanies, accompagnées, elles aussi, de contraintes expressives.

Liée jusqu'aux plus profondes couches de l'esprit, la poésie est la langue du mystère et du mysticisme et certaines sociétés initiatiques l'utilisent aussi bien dans les charmes que pour transmettre leurs mystères Si le sens secret n'a aucune signification pour les non-initiés, il illustre, pour les adeptes du Grand Savoir, le pouvoir évocateur du rythme vibratoire et des images verbales, un système qui permet de transcender, en d'autres dimensions, un mode poétique n'excluant pas le symbolisme sorcier.

Dans ce système, tout est basé sur la résonance des mots et des images évoquées dans l'esprit. Les anciens rites magiques étaient souvent prononcés en phrases régulièrement rythmées, de même que les charmes. Le rythme et les vibrations, qui appartiennent aux lois universelles, ont été des formes primitives d'expression qui permettaient au subconscient d'opérer sur le plan de la suggestion proposée sous une forme donnée.

N'oublions pas que la musique est harmonie et que l'harmonie reste le grand mystère de l'univers

Il était dit, autrefois, que la musique guérissait les maladies, une croyance qui est, en effet, très ancienne. On nous parle d'Esculape qui ordonnait des chants pour apaiser la fièvre et de Damon qui guérissait les alcooliques par la musique. Cela appartenait à un enseignement qui prétendait guérir l'âme par des chants et le jeu des flûtes et des harpes.

Deux exemples nous sont donnés avec Empédocle qui, par la musique, avait empêché un meurtrier de commettre son crime et avec Terpandre qui par des chants, avait mis un terme à la révolte du peuple du Lesbos !

Quant à Agrippa voici ce qu'il nous dit sur le pouvoir unifiant que la musique exerce dans la nature.

« L'harmonie musicale, nous dit-il, est une créatrice fort puissante. Elle attire les influences célestes et change les affections, les intentions, les gestes, les notions, les actions et les dispositions. Les bêtes sauvages, les serpents, les oiseaux sont charmés par de jolis airs. Les poissons d'Alexandrie aiment les sons harmonieux ; la musique a lié

d'amitié des dauphins et des hommes. Les notes fluides de la harpe attirent les cygnes hyperboréens. Des voix mélodieuses apprivoisent les éléphants des Inde. Les éléments eux-mêmes prennent plaisir à la musique. La fontaine hulésienne calme d'ordinaire, se gonfle de joie au son de la flûte et déborde. Et une Lydie les îles des Nymphes quittent la rive et s'en vont au milieu du lac, où elles dansent au son des instruments, et quand la musique se tait, elles reviennent vers la terre ferme et s'attachent à leur rivage. »

L'important dans tout cela est de nous souvenir que les mots ont un support magique qui s'adresse à l'inconscient.

Des vibrations qui transportent l'intention de celui qui les a prononcés. Mais n'oublions pas non plus que le geste renforce l'action de la parole. Si à l'appel d'un nom, on joint un mouvement amical du bras, à condition que le mouvement soit juste, l'efficacité du mot prononcé s'en trouvera accrue. C'était, d'ailleurs, les méthodes employées par les prêtres magiciens de Babylone dans leurs rituels.

Concentrez-vous sur les mots que vous prononcez

Je donne un exemple à mon lecteur. Au cours d'une négociation, quelle qu'elle soit, pensez fortement au mot « réussite », mais auparavant, concentrez-vous bien sur la pensée suivante :

« Les forces émises par mes adversaires ou mes concurrents ne m'atteignent plus et son remplacées par celles que contient le mot réussite qui assure à priorité. »

Pensez aussi à *« pouvoir »* en faisant passer votre magnétisme dans la prononciation mentale du mot *« pouvoir »*. Peu importe le mot, il vous suffit de trouver celui qui peut satisfaire vos désirs et vos espoirs. Il suffit de le penser fortement et de l'articuler en vous en détachant chaque syllabe. Et fermez bien votre poignet droit.

Voici encore un autre exemple qui peut vous être utile. Avec cette phrase : « Je veux vous rencontrer », c'est sur le mot « veux » que vous devez concentrer toute votre énergie. Par contre avec la phrase : « Je ne veux pas vous rencontrer », c'est sur « veux » et « pas » que vous devez fixer toute votre persuasion. Il faut beaucoup de fermeté dans cette volonté, le ton de la phrase étant d'une très grande importance. Toujours le poignet droit bien fermé !

Chapitre 4

La pensée magique et sa visualisation

Ami lecteur, voulez-vous tenter une expérience ?

Celui qui « appelle en soi », et s'il profère correctement les mots, saura que les mots appellent l'image. Les mots invoquent, les images évoquent. Sans visualisation correcte au moment propice, il ne peut y avoir aucune réussite. C'est d'une logique imparable, car évoquer c'est « faire apparaître », permettre aux éléments épars de la nature de se rassembler, puis de se sublimiser dans nos propres dimensions.

C'est ce que font certains sorciers en utilisant un plat de cuivre gravé de symboles et de chiffres. Sous le plat, un cierge est allumé et selon la position prise par le pouce du sorcier l'ombre projetée au plafond, donne la forme du diable avec sa queue et ses cornes.

Il y a plus impressionnant encore. Mais avant d'aborder le sujet, je dirai que je ne crois pas à l'existence personnifiée du diable, c'est-à-dire à une morphologie physique du Mal, préférant me ranger dans la conception philosophique et magique des forces négatives, et peu importe leurs noms : Forces de Mal ou Forces des Ténèbres. Celles-ci existent, nous en reparlerons.

Si vous tentez l'expérience que je vous propose, il faut d'abord lire attentivement ce qui suit tout en vous imprégnant de la description qui vous est donnée :

Il est grand, maigre, velu et très noir de teint. Il a des yeux de braise constamment braqués sur vous, il a deux petites cornes naissantes au front, de longues griffes au bout de ses doigts, son pieds gauche est rond et le droit fendu. Il est boiteux, porte une longue queue, un manteau noir très long, un bonnet rouge et une épée au côté. Et il dégage une détestable odeur de soufre.

Alors, maintenant, fermez les yeux et répétez-vous cette description, une fois, deux fois, dix fois, vingt fois s'il le faut et en pensant bien chaque mot prononcé. Autrement dit, visualisez l'image donnée. Automatiquement, elle se gravera dans votre esprit si bien que vous finirez par... voir le Diable devant vous. C'est simplement de l'autosuggestion. Si vous n'y parvenez pas, c'est que vous n'avez pas suivi scrupuleusement les indications données ou que votre esprit est trop accaparé par des soucis d'ordre professionnel ou affectif. Recommencez autant de fois qu'il le faudra et vous y arriverez.

On peut appeler cela de la « psycho création ». C'est ce que l'on obtient expérimentalement, et lors de relations mentales portant sur le comportement psychique. Il arrivera donc un moment où vous aurez devant vous l'image virtuelle de Satan ou de Lucifer. Pour vous elle sera réelle, physique, presque palpable, mais ne parlez surtout pas à l'apparition, cela pourrait être dangereux.

La vision peut être assez brève comme elle peut durer plusieurs minutes. Il se peut aussi que l'image persiste, mais vous pouvez, selon la Tradition, la chasser en disant : *« Per ipsum, ercum, ipso et in ipso. »* De toute façon, vous aurez vu le diable et vous en serez convaincu.

Voilà où je voulais en venir : montrer que le diable n'existe que dans l'esprit de ceux qui croient en lui ou qui s'autosuggestionnent à partir d'images reçues. Mais attention, c'est quand même de la magie, une magie qui fait souvent appel à des forces maléfiques que nous ne maîtrisons pas toujours. Si le diable à proprement dit, n'existe pas, ces forces, comme je l'ai dit, existent réellement.

Dans le cas où vous réussirez, ami lecteur, je vous conseille de ne plus recommencer l'expérience, car cela pourrait agir sur vous comme une drogue.

Ayant assuré la direction technique du CRESPI (Centre de Recherches et d'Études Scientifiques des Phénomènes Inexpliqués) pendant près de 17 années, je me souviens d'avoir assisté à une expérience de ce genre concernant un jeune garçon de 18 ans qui ressentait une peine immense depuis la mort de son chien. Il a bien voulu se prêter à l'expérience et au bout de trois ou quatre essais a réussi à visualiser son petit compagnon. « Il était là, disait-il, je le voyais, il me répondait tout heureux et j'aurais presque pu le toucher. » Mais cela n'a pas duré. Le jeune garçon a vite compris qu'il s'agissait d'un mirage, d'une apparition virtuelle sans la moindre consistance, et que les apparitions de son chien n'étaient que des images engendrées par son esprit. Il a renoncé, il ne s'est plus présenté et l'histoire a été classée.

Des croyances venues du fond des âges

Cela se passe chez tous ceux dont l'image de Satan s'est ancrée dans l'inconscient. Ces gens ont même prétendu avoir pactisé avec le Malin. Il nous est dit que dans la vie l'important, c'est de croire… de croire en ce que l'on croit ! Mais cela peut aussi se retourner contre nous.

Prenons quelques exemples. D'abord l'histoire de Johannès Faust, cet enchanteur-guérisseur qui, selon la légende, aurait passé un pacte avec le diable pour, en échange de son âme, obtenir puissance, argent, amour et jeunesse éternelle. Tout cela nous est d'ailleurs conté dans le magnifique opéra de Gounod dont l'histoire a été écrite par Goethe.

D'après le théologien Jean Gast, « tout cela devait avoir une fin » et Faust fut étranglé par le diable au terme d'un pacte qui avait duré 24 ans. Mais y a-t-il eu pacte ?

Quoi qu'il en soit, la mort de Faust a été des plus horrible. On trouva du sang et des lambeaux de chair projetés sur les murs, le cerveau était collé à la muraille, les yeux et quelques dents gisaient sur le plancher. Son corps était étendu à terre, le sang avait jailli par tous les pores de la peau, ses membres étaient brisés, et cela, toujours d'après Gast, après l'horrible combat que Faust avait mené contre Satan, son Seigneur et Maître.

Jean Wier ajoute de son côté : « Il avait le visage retourné du côté du dos », tout en faisant remarquer que beaucoup de sorciers notoires sont morts de cette façon : la tête dévissée, car Satan aime tordre le cou de ses victimes !

À la même époque, n'oublions pas Paracelse (le célèbre Philippus Aureolus Theophrastus Bombast von Honhenheim Paracelse), professeur à l'Université de Bâle, médecin philosophe réputé, archi grand magicien, à la fois poursuivi par la haine des civils et des religieux.

Il croit au diable. « Il ne faut jamais lui répondre, dit-il, et pour qu'il s'en aille, il faut lui dire : *Impero tibi impure spritus, per verba protestatem et vim, quâ a Christo Jesu ipso dei filio et postea abipsius Apostolis ejectus es, etc.* »

N'utilisait-il pas, durant ses expériences, le Pentagramme et le Sceau de Salomon ? Ses écrits sur la Réforme, l'Arbre mort aux fleurs de lys, la Chaise curule sont autant d'attaques contre l'Église.

Désormais seul avec ses esprits, Paracelse, toujours accompagné d'Azoth, son épée magique, échoue à Salzbourg où il meurt le 24 septembre 1541. L'histoire nous dit qu'il a été assommé et jeté du haut d'un rocher. D'autres pensent qu'il a été empoisonné, ou peut-être les deux.

On discute toujours sur cette mort affreuse où interviennent encore des forces inconnues, sataniques, en tout cas celles vers lesquelles il s'était tourné toute sa vie.

Après lui, beaucoup d'autres ont subi des fins tragiques pour avoir cru au diable, aux démons et aux puissances de l'Enfer. Comme je l'ai dit, à force de concrétiser des images dans l'esprit, on finit par y croire, même si elles n'ont aucune consistance, aucune réalité physique. C'est ce qui en découle qui nous fait frémir, car il faut bien comprendre qu'il s'agit là d'une magie qui fait souvent appel à des forces inconnues que nous ne maîtrisons pas toujours. Si le diable à proprement dit n'existe pas, sachons que ces forces, elles, existent réellement. Voilà le danger.

Chapitre 5

En hébreu, comme en grec, les nombres sont écrits avec des lettres

Prenons un exemple avec Israël qui, numéralement, donne 541. Mais, par une loi d'équilibre, le chiffre se retrouve dans la somme des trois créateurs d'Isaël : Jacob (père des 12 tribus) donne 182, Moshé ou Moïse (qui désigne la loi d'Israël) donne 345 et David, qui définit les frontières de son peuple avec Jérusalem pour centre, donne 14. On additionne et l'on retrouve 541.

Prenons un autre exemple de valeur numérique avec Abraham qui, pour sauver Lot captif, fait appel à 318 esclaves. Avait-il vraiment besoin de tant d'hommes alors qu'il était soutenu par Dieu ? Avec le Gématrie, nous voyons que le nom du majordome d'Abraham, Eliézer de Damas, nous donne la somme de 200 + 7 + 70 + 10 + 30 + 1, c'est-à-dire 318. Autrement dit, Abraham ne sauva Lot qu'avec l'aide d'un seul homme.

Continuons avec une autre curiosité : celle du chiffre 70. Il est curieux de constater, à ce propos, que les peuples traditionnels de la terre sont au nombre de 70. Au nombre de 70 aussi les âmes de la famille de Jacob qui vinrent en Égypte à l'appel de Joseph. Curieux aussi qu'en une seule nuit Joseph eut la révélation des 70 langues par l'intermédiaire de l'ange Gabriel, que la Torah, au Sinaï, était retraduite dans les 70 langues traditionnelles et que les noms de Jérusalem aient été au nombre de 70.

Si nous remontons à l'origine des choses nous remarquons que le mot sémantique vient de Sem premier fils de Noé et père de la race sémitique. Nous savons que Sem est la racine de Seman qui signifie « écoute » et dont la lettre terminale « Aim » égale encore 70.

Ainsi, suivant la Torah, l'hébreu pourrait s'affirmer comme la langue sémitique par excellence et comme jointure entre les langues, ce qui semble être indiqué par le Sefer Yetsirah qui nous parle d'une génératrice de l'alphabet contenant les phonèmes de base de toutes les langues, y compris celle des hommes, des animaux, de la terre, des rivières, des éclairs, des arbres et des vents. Et toujours au nombre de 70 !

N'est-il pas curieux encore d'obtenir le chiffre 70 en additionnant deux fois la Trinité + 1 qui est le chiffre de Dieu, car Dieu est 1. On obtient 7, et à 7 on ajoute le 0 de l'infini, car dans toutes les actions divines ce chiffre peut se répéter à l'infini.

Et maintenant, prenons tout simplement le chiffre 7

Considérons d'abord la semaine. Le concept de la semaine en 7 jours est, pour certains théologiens, d'origine divine, la semaine venant rappeler aux hommes que Dieu a créé le monde en sept jours. Pour des raisons qui nous échappent, il semblerait que Dieu ait eu une affection toute particulière pour le chiffre sept.

En effet nous remarquons que la Torah commence par un verset de sept mots et vingt-huit lettres, toute divisible par sept. Pour la kabbale, le chiffre sept représente « l'intégralité » et l'achèvement, mais personne encore ne connaît les raisons pour lesquelles Dieu a choisi le chiffre sept pour signifier un achèvement.

- Mais la curiosité l'emporte sur les innombrables allusions faites au chiffre sept à l'intérieur du judaïsme.

- Yithro, le premier vrai converti au judaïsme avait sept noms différents ainsi que sept filles dont l'une fut l'épouse de Moïse.

- Moïse est né et mort le même jour de l'année, c'est-à-dire le 7 adar.

- La Menora dans le Temple de Salomon comprenait sept branches.

- On compte sept jours de fête dans l'année juive. Roch Hachana, Yom Kippour, Soukoth, Hanouka, Pourim, Pessa'h, et Chavou'oth.

- Les sept sceaux de l'Apocalypse.

- On compte sept jours pour préparer la construction du Tabernacle dans le désert.

- Chaque plaie d'Égypte a duré sept jours.

- Le ciel a été créé à sept niveaux.

- Sept espèces agricoles composent la terre d'Israël : le blé, la vigne, l'orge, les figues, les olives, les grenades et les dattes.

- La colombe et le corbeau quittèrent l'Arche de Noé pendant sept jours afin d'observer les conditions climatiques.

- On compte sept notes dans la gamme musicale.

- Sous la conduite de Josué, le peuple juif tourna sept fois autour de Jériko avant que les murs s'écroulent.

- Dans le Temple de Salomon, le saint des saints contenait sept portes d'entrée.

- Il y a sept prophètes femmes énumérées par le Talmud : Sarah, Déborah, Miriam, Hannah, Avigaïl, Houlda et Esther.

- Ce n'est qu'après avoir travaillé la septième année qu'un serviteur juif recouvre la liberté.

- Chez les akkadiens et les mésopotamiens, les tablettes décrivent les malices des supers démons qui sont au nombre de sept :

  Ils servent la tempête et l'ouragan,
  Ils sont le tourbillon qui s'abat sur le pays,
  Ils sont Sept, les esprits du ciel,
  Ils sont Sept, les esprits de la terre,
  Ils sont Sept, les esprits rapaces,
  Ils sont Sept les esprits mauvais,
  Dans les cieux, ils sont Sept,
  Sur la Terre, ils sont Sept.

Évidemment, on comprend mal que sept, étant le chiffre de la perfection, puisse qualifier les mauvais démons ce qui montre que le symbole peut voir son sens s'inverser totalement.

Ajoutons que dans la civilisation mésopotamienne il se montrait prudent de ne rien entreprendre, le 7, le 14, le 21 et le 28 du mois lunaire dont personne ne connaissait l'origine, mais il n'empêche que la semaine babylonienne transpira dans la création biblique et que le nombre sept devint le symbole de l'oeuvre parfaitement accomplie et que la semaine, dans le système hellène et juif, fut adoptée vers le troisième siècle de notre ère.

Dans d'autres domaines encore :

- Il y a dans le corps humain sept chakras correspondant à des organes.

- Il y a sept orifices dans le corps féminin.
- Il y a les sept collines de Rome.
- Il y a les sept péchés capitaux.
- Il y a les sept couleurs de l'arc-en-ciel.
- Il y a les sept génies de la Milice Céleste.
- Il y a les sept grands privilèges des Clavicules de Salomon.
- Il y a les sept portes de Thèbes défendues et attaquées par sept chefs qui ont juré le sang des victimes.
- Il y a les sept sceaux du Livre Sacré expliqué par sept génies et attaqués par un monstre à sept têtes.

On trouve la même curiosité avec Blanche Neige et les sept nains, car, en réalité, il s'agit, dans l'Histoire originale, des sept démons de la tradition. Et peut-on rappeler encore les bottes de 7 lieues de l'ogre qui pourchasse le Petit Poucet ?

On pourrait en rajouter bien d'autres. Je ne connais pas tous les rapports existant avec le chiffre sept aussi j'invite aimablement mon lecteur à me signaler tous ceux qui sont à sa connaissance et qui m'échappent.

La mystique des nombres nous conduit à l'ésotérie la plus remarquable que l'Ancien Testament puisse nous offrir. Il s'agit en effet de Trois Livres (le Pentateuque de Moïse, les hagiographes et les prophètes), chaque Livre étant composé de 22 chapitres chacun. À remarquer que

22 est un chiffre de très haute initiation que nous pouvons rapprocher de l'alphabet hébreu qui comprend aussi 22 lettres.

Pour bien comprendre le caractère géométrique et mathématique de la Bible, il faut tout d'abord savoir que 3 est le chiffre divin, celui de la Trinité, ses multiples 6 et 9 étant considérés comme les chiffres de l'accomplissement. Alors si nous multiplions 22 par 3, nous trouvons 66 dont la réduction théosophique nous donne 6 + 6 = 12 et avec 12, nous avons 1 + 2 qui = 3. C'est une vérité irréfragable.

Considérons maintenant le chiffre 12, (2 fois 6 ou 4 fois 3). Dans la mystique des nombres, nous trouvons avec ce chiffre quelques troublantes similitudes et correspondances : les 12 tribus d'Israël, les 12 apôtres, les 12 trônes célestes, les 12 signes du zodiaque, les 12 mois de l'année. Mais 12 c'est aussi la grosse et si on multiplie le chiffre par lui-même on obtient 144 qui est une constante universelle.

Amusons-nous encore un instant en rappelant que d'après la Tradition, Dieu a créé le monde en 6 jours (il s'est reposé le Septième). Nous retrouvons cette constante en multipliant 6 fois 24 heures ce qui nous donne 144. Comme il y a 60 minutes dans une heure, si on multiplie 60 par les 24 heures de la journée, on obtient 1440 minutes.

On peut encore ajouter que 144 est le cycle réincarnationnel donné par Spencer Lewis et les occultistes et que 144 mètres était autrefois la hauteur verticale de la pyramide de Cheops, laquelle reste, comme on le sait, l'un des plus grands mystères de l'humanité. Ainsi à tous les niveaux nous retrouvons la constante 144. Autrement dit les 12 fois 12. Et toujours à partir de la Trinité et du chiffre 6 !

Pour clore ce rapide survol de la mystique des nombres, je n'aurais garde d'oublier un chiffre magique parmi les plus célèbres et les plus inquiétants, c'est-à-dire 666 qui est, dans la Bible, le chiffre maudit, celui de la Bête, celui que l'homme, dans sa vie, se doit d'éviter à tout prix.

Voilà plus de deux mille ans que les chercheurs de tous les pays, croyants et athées, cherchent et recherchent la signification de ce chiffre dont il nous est donné plusieurs hypothèses. L'une d'elles nous vient de l'abbé Maître qui a étudié la réunion des lettres constituant le nom grec de Mahomet. Chose curieuse elles forment un total de 666 par la somme de leurs valeurs numériques.

M' = 40
A' = 1
O' = 70
M' = 40
E' = 5
T = 300
I' = 10
Z' = 200

666

Selon l'abbé Maître, le mot Mahomet n'est pas appliqué au prophète proprement dit, mais à tous les chefs spirituels du mouvement islamique et, bien entendu, à tout l'empire de Mahomet lui-même.

D'autres pensent que le chiffre de la Bête, qui est traditionnellement celui de Satan, pourrait être attribué à Napoléon, à Hitler, à Staline et Pol Pot. Mais retenons seulement ce que dit Saint Jean dans l'Apocalypse (verset 18, chapitre XIII) : *« Que celui qui a de l'intelligence compte le nombre de la Bête, car c'est le nombre d'un homme et son nombre est 666. »*

Chapitre 6

Grimoires et livres noirs

Le Moyen-Âge a été la période de l'Histoire la plus fertile en toutes sortes de rites, de croyances et de traditions mettant l'homme en contact avec le monde infernal. Selon les textes « maudits » de cette époque, il est dit que les puissances infernales doivent être maîtrisées par la ruse, mais il est dit aussi que les démons détestent servir les magiciens et que ce n'est qu'au prix d'une précieuse vie humaine qu'ils acceptent, quelquefois, de servir temporairement.

Toutes les sciences ont un support : le livre

Pour la science noire, le support porte le nom de grimoire souvent appelé « livre interdit », « livre maudit », ou tout simplement « mauvais livre ».

Jetés souvent pêle-mêle sans distinction de Bien ou de Mal, tous les enseignements rapportés plus haut, vous les trouvez dans les grimoires au milieu d'invocations et d'évocations qui peuvent, toujours par la parole et selon la tradition, se concrétiser pour atteindre le but espéré.

Bien entendu, les esprits forts se méfient, mais nier l'influence de ces pratiques ne serait pas scientifiquement raisonnable. Douter est normal dans une attitude de prudence, mais la discussion devient obligatoire quand on essaie de comprendre les forces cachées de la nature qui appartiennent à un secteur encore inexpliqué. Alors des questions se posent : et si ces livres avaient vraiment du pouvoir ? Ou s'agit-il d'une volonté d'y croire qui produirait l'effet escompté ? De toute façon, ces livres, plus on les lit, plus on désire en savoir plus.

Mais qu'est-ce un grimoire en dehors de ses formules imprimées, ses incantations, ses évocations et ses révélations dont on ignore toujours l'origine : Ciel ou Enfer ?

L'essentiel n'est pas tellement dans l'efficacité de ces révélations (discutables pour certains, approuvées par d'autres), mais surtout dans la valeur elle-même du livre. Un livre est vivant, ne l'oublions pas, il peut plonger le lecteur dans toutes sortes de sensations, bonnes ou mauvaises, l'interpeller de temps à autre, rester vivace dans son esprit et l'entraîner dans de nouvelles conceptions de la vie et des choses. Ces idées sont contagieuses.

Le grimoire est le plus dangereux de tous, car il est capable de nuire à celui qui n'a pas la force de résister aux tentations qui lui sont offertes par les hommes damnés qui ont osé révéler les secrets du Diable.

Ceux qui les possèdent les gardent précieusement et ne les transmettent qu'à leurs descendants surtout lorsque ce sont des exemplaires rares non déformés et défigurés comme ceux que nous trouvons dans le commerce, sinon les secrets du diable appartiendraient à tout le monde. Ces livres maudits, en effet, ne doivent pas être mis en toutes les mains. Il est extrêmement dangereux de les utiliser quand on n'est pas initié aux mystères de l'Art Magique.

La première erreur serait de confondre la prière avec la conjuration, la prière étant une imploration de grâce, la conjuration un commandement adressé aux puissances infernales.

Chaque mot compte, chaque mot doit être correctement prononcé, il ne faut jamais en oublier un seul. C'est la règle, même si des prières doivent être dites à l'envers, comme entre autres, dans le *Dragon Noir* qui est un manuel de goétie, une magie exclusivement préoccupée d'invocations d'esprits du mal.

Par contre, et c'est là l'ambiguïté, le grimoire a aussi son côté bon enfant qui nous demande d'être attentifs et présents devant les forces vives de la nature. L'eau, l'air, la terre, le feu, les plantes sont des agents physico-chimiques. Pour comprendre ce monde-là, on priera aussi bien Dieu, les anges et les archanges que le Diable et les démons.

C'est ce que nous lisons dans les vieux grimoires qui transmettaient et apprenaient dans les bourgades les « grands secrets » et le « mystérieux héritage » et qui ne coûtaient alors que quelques sous. Mais en se raréfiant, ces livres, écrits à la main, atteignait des prix élevés, ce qui n'était évidemment pas à la portée de la plupart des gens des campagnes, lesquels, d'autre part, ne possédaient pas la culture littéraire suffisante pour les comprendre. Beaucoup étaient même illettrés.

Il a fallu attendre la Révolution et la liberté de l'imprimerie pour voir réapparaître ces opuscules que les colporteurs ambulants diffusaient sous de bien étranges titres comme entre autres : *Le Dragon Rouge, Le Dragon Noir, La Poule Noire, Le Trésor du Vieillard des Pyramides, Le Papillon Vert,* ou *L'Enchiridon du pape Léon,* sans oublier les fameuses *Clavicules du Roi Salomon.*

Et nous voilà dans la Magie Noire

D'abord avec le *Dragon Rouge* qui est considéré comme le livre du diable. On ne peut aller au-delà du Mal et de la démonerie ce qui, incontestablement, fait de ce grimoire un chef d'oeuvre de la Magie Noire, l'art en somme, de nuire et de faire souffrir par l'intermédiaire du diable et du démon.

On y trouve aussi des recettes pour trouver des trésors, la connaissance des secrets interdits, la séduction des filles et l'accession à toutes les choses cachées en pactisant avec quelque esprit : *pacta conventa Doemonorum.*

Toujours dans les traditions juives du culte Yahé dont le Livre est inspiré, nous apprenons à confectionner pentacles et talismans sur différents supports : métal, parchemin, peau de chevreau, etc., sanctifier selon les rites ancestraux et en faisant appel aux divinités de la kabbale pour que l'officiant soumette totalement à sa volonté Subniritimmon Lucifuge (archange déçu, Lucifer) ou profite de ses pouvoirs sans oublier la fabrication du miroir magique de Salomon, selon certaines références faites à la Grande clavicule.

Nous retrouvons là le vieux rêve de l'Église de réduire Satan en esclavage à travers le vieux symbolisme biblique. Au chapitre du *Sanctum Regum* il nous est donné l'invocation ci-après reproduite dans son intégralité, après avoir tracé un cercle, et à l'intérieur duquel on aura eu soin de tracer un triangle avec des bougies des deux côtés, tandis qu'à la base seront inscrites les lettres sacrées JHS, flanquées de deux croix.

Une fois à l'intérieur du triangle, vous dites :

> *« Empereur Lucifer, maître de tous les esprits rebelles, je te prie de mettre favorable dans l'appellation que je fais à ton Grand Ministre Lucifuge Rofocale, ayant envie de faire pacte avec lui ; je te prie aussi, Prince Belzébuth de me protéger dans mon entreprise. Ô comte Astaroth, sois-moi propice et fais que dans cette nuit le Grand Lucifuge m'apparaisse sous une forme humaine et sans mauvaise odeur, et qu'il m'accorde par le moyen du pacte que je vais lui présenter, toutes les richesses dont j'ai besoin. Ô Grand Lucifuge, je te prie de quitter ta demeure dans quelque partie du monde qu'elle soit, pour venir me*

parler ; sinon je t'y contraindrais par la force du Grand Dieu vivant, de Son cher fils et du Saint Esprit Obéis promptement, ou tu vas être éternellement tourmenté par la force des puissantes paroles de la Grande Clavicule de Salomon, de laquelle il se servait pour obliger les esprits rebelles à recevoir son pacte. Ainsi paraîs au plus tôt ou je vais continuellement te tourmenter par la force de ces puissantes paroles de la Clavicule : Aglon, Tétagram, Vaycheron Stimilimaton, Eroharés, Retragsmmathon, Glyoran, Icion, Esition, Existien, Eryona, Onera, Erasyn, Moyn, Méffias, Soter, Emmanuel, Sabooth, Adonay, je t'invoque, amen. »

Après ce pacte, nous dit-on, vous pourrez demander à l'esprit tout ce que vous voudrez, mais c'est lui qui décidera de l'importance à donner.

L'appel aux forces démoniaques prend aussi des formes plus simples et plus directes comme celles-ci :

« Je t'offre cet encens comme le plus pur que j'aie pu trouver, ô Grand Adonay, Eloïm, Ariel et Jehovam. Daigne le prendre pour agréable, ô Grand Adonay ! Sois-moi favorable par ta puissance et fais mois réussir dans cette grande entreprise. Amen. »

Ces incantations sont irrésistibles. Il nous est dit qu'avant que vous les ayez achevées Lucifuge apparaîtra et vous parlera :

« – Je suis là, je suis venu, mais pourquoi troubles-tu mon repos ?

– Je veux faire un pacte avec toi, répondra l'opérateur.

Je veux la richesse et pour l'obtenir, je te torturerai avec les paroles puissantes de la Clé. »

Lucifuge répondra presque aussitôt :

« – Soit, mais je ne puis obéir à ton ordre qu'à la condition que tu me fasses don de ton corps et de ton âme dans 20 ans. À cette date, tu m'appartiendras entièrement et je pourrai disposer de toi selon mon bon vouloir. »

C'est, bien entendu, le piège à éviter, car l'opérateur ne doit se livrer en aucune façon. Il lui est conseillé de ne signer aucun pacte avec le diable et de l'obliger, avant ce faire, de montrer le trésor que le Malin propose. Ainsi, à malin... malin et demi ! Les conteurs moyenâgeux nous rapportent que si l'opérateur peut s'emparer de quelques pièces, le diable sera berné, comme il l'est souvent dans ces sortes d'opérations magiques, Ils nous disent aussi que le Malin est expert dans la construction des ponts (les célèbres « ponts du diable » que l'on découvre un peu partout) et aussi en murailles et en fortifications.

L'histoire savoureuse du grand connétable de Lesdiguières

Ce gentilhomme ayant fait appel au diable pour construire les remparts de son château, il était convenu que l'âme du châtelain reviendrait au diable si le malheureux se laissait enfermer avant l'aube. L'accord fut conclu, mais le connétable s'enfuit à cheval au dernier instant, c'est-à-dire au moment même où les deux côtés de la muraille se rejoignaient. Il était temps, mais la queue du cheval fut prise et le cavalier se libéra en la tranchant d'un coup d'épée. Ainsi le diable fut bredouille et ne reçut aucune récompense pour son travail.

Légende ? Conte diabolique ? Amusement de conteur ? C'est fort possible, mais d'où vient alors cette touffe de crin de cheval que l'on peut toujours voir dans la maçonnerie de ce château ?

Le *Dragon Noir*

Avec ce petit livre, on peut aussi faire beaucoup de mal à l'aide des forces infernales soumises à l'homme, l'utilisation des charmes, des contre charmes, d'évocations et surtout de la Main de Gloire dont il sera question vers la fin de ce chapitre. Toutes les recettes contenues dans ce petit livre relèvent de la goétie et de la plus triste perversité.

La *Poule Noire*

L'ouvrage, qui est plus simple, est non moins efficace. Il s'agit d'une poule noire qui n'a jamais pondu et que l'on place à la croisée de deux chemins. À minuit, le magicien devra couper l'animal en deux en disant : *Eloïm, Essaim, frugativi et appellavi.* Il se tourne alors vers l'Orient, s'agenouille et prononce une incantation magique avec, à la main, une branche de cyprès. Il est dit que Satan lui apparaît immédiatement !

Ce texte nous est présenté comme l'art de conjurer les esprits aériens et infernaux, pour obtenir la connaissance des sciences secrètes, la découverte des trésors, le pouvoir de commander à tous les êtres et le pouvoir aussi de déjouer les maléfices et les sortilèges. C'est aussi « la poule aux oeufs d'or », la science des talismans et anneaux magiques, l'art de la nécromancie et de la kabbale.

« L'Obéissance ne se motive pas : elle s'impose ; les initiés sont faits pour commander et les profanes pour obéir. »

Savez-vous à qui est attribuée cette phrase, pour le moins choquante ? Elle serait du pape Honorius II, à qui nous devrions l'ouvrage kabbalistique intitulé : le *Livre des Conjurations* (livre faussement attribué à Honorius III, selon Eliphas Lévi et que certains occultistes attribuent à des moines du VIIe siècle).

Le manuscrit de l'époque est perdu, ne demeurent seulement que quelques exemplaires de l'édition de 1670. Quoi qu'il en soit ce texte est, dans toute la force du terme, un manuel de sorcellerie et de magie noire. C'est le principe passif substitué au principe actif, la passion au profit de la raison, le sensualisme déifié comme dans tous les systèmes mystiques antichrétiens. Et la phrase revient : « Obéissez à vos supérieurs et leur soyez soumis parce qu'ils y prennent garde. »

Et pour ajouter à tout cela, nous avons, dans un pentacle, une croix ansée au sommet avec double croisillon, symbole du binaire qui est l'image même du Mal. Un Mal symbolisé qui domine tout ! Un couteau de sacrifice, posé au-dessus, nous indique qu'il faut savoir tout sacrifier pour arriver au Mal.

Voici ce que nous dit à ce sujet Éliphas Lévi,(de son vrai nom Alphonse Louis Constant), qui se révéla, avec son livre *Le Grand Arcane*, comme le père de l'occultisme moderne, même si l'on pense que son texte aurait pu être, après sa mort, « modifié » et développé empiriquement par le grand occultiste Papus.

> *« Ce grimoire, nous dit-il, n'est pas sans importance pour les curieux de la science. Au premier abord, il semble n'être qu'un tissu de révoltantes absurdités ; mais, pour les initiés aux signes et aux secrets de la kabbale, il devient un véritable monument de la perversité humaine ; le diable y est montré comme un instrument de puissance. Se servir de la crédulité humaine et s'emparer de l'épouvantail qui la domine pour la faire obéir aux caprices de l'adepte, tel est le secret de ce grimoire ; il s'agit d'épaissir les ténèbres sur les yeux de la multitude en s'emparant du flambeau de la science qui pourra, au besoin, entre les mains de l'audace, devenir la torche des bourreaux et des incendiaires. Imposer la foi avec servitude, en se réservant le pouvoir et la liberté, n'est-ce pas rêver, en effet, le règne de Satan sur la terre et s'étonnera-t-on si les auteurs d'une conspiration pareille contre le bon sens public et contre les religions, se flattaient de faire apparaître et d'incarner en quelque sorte sur la terre, le souverain fantastique de l'empire du Mal ? »*

Le *Grimoire du Pape Honorius*

Ce grimoire est considéré comme le recueil des plus grands secrets de l'Art magique et des pratiques où figurent des recettes pour rendre invisible, obliger une personne à venir vers vous, faire danser une femme nue, connaître le passé et l'avenir, empêcher une personne de dormir la nuit, être à l'abri de toute mauvaise action, et empêcher quelqu'un de manger à table.

Y figurent aussi des secrets magiques et des contre-charmes comme, par exemple, « la Protection contre les armes à feu », « la guérison des hémorroïdes », « pour conjurer la guérison des fièvres et le secret du désenvoûtement » et bien d'autres protections touchant à divers domaines.

Ce qui est curieux et inexplicable pour un esprit rationaliste, c'est que les applications de ces procédés ont été, chaque fois, couronnées de succès. Encore aujourd'hui les mages qui opèrent à partir de ce grimoire nous disent obtenir (en bien ou en mal) d'assez bons résultats lesquels, chose encore plus étrange, ne sont nullement contredits par l'observation.

Les Clavicules de Salomon se présente comme le livre magique par excellence

Ce livre a d'ailleurs servi de modèle, et même de support, aux différentes écoles magiques que nous présentons ici. Il s'agit d'abord de correspondances astrologiques mêlées à des prières et des conjurations, ensuite d'indications d'anneaux magiques et de talismans ornés de figures et de pentacles dont quelques-uns restent encore à déchiffrer et enfin une collection de secrets magiques avec signatures authentiques des démons invoqués, notamment dans la magie du *Papillon Vert*.

À retenir le sceau de Salomon qui a la valeur d'un dessin magique fort efficace pour l'invocation d'un esprit aérien. Une science moderne, la radionique, nous met toutefois en garde contre ce dessin qui relèverait des ondes de formes. Toutes les formes, nous dit-on, dessins, assemblages, solides, produisent des ondes plus ou moins puissantes. Même si elles ne sont pas chargées d'une quelconque intention, elles n'en diffusent pas moins un rayonnement. Non chargées elles sont neutres, certes, mais cela n'empêche pas qu'elles nous influent si nous restons trop longtemps à leur contact. En certains cas, cela peut entraîner de graves conséquences.

En résumé, disons que la radionique, qui étudie ces phénomènes, peut être qualifiée de magie moderne. Elle fonctionne, en effet, sur le même principe avec cette différence que la personne n'invoque nullement des forces surnaturelles, mais qu'elle est consciente que les forces qu'elle utilise sont dans les objets qu'elle manipule et aussi en elle-même. C'est une question de syntonie lorsque le message atteint le sujet qui reconnaît sa propre vibration et accepte la suggestion qui lui est transmise.

Tout cela est malheureusement inconnu du grand public. Aussi était-il nécessaire, je pense, de présenter le dessin magique de Salomon comme porteur d'ondes de formes dont la charge reste intacte depuis près de 3000 ans ! Les sectes lucifériennes l'ont bien compris, qui l'utilisent selon les règles du savoir antique. À signaler, également, que beaucoup de ces dessins magiques sont utilisés, principalement, par la secte Moon pour obtenir l'obéissance absolue de ses adeptes.

Mais il y a aussi dans les *Clavicules* quatre cercles concentriques pour l'invocation des bons esprits portant sur des anges invoqués dans des cérémonies de Magie Blanche avec de l'encens de santal rouge. Comme on le voit, dans ce genre d'opération, le Bien et le Mal arrivent souvent à se côtoyer.

Quelques éléments essentiels des Clavicules que tout mage doit posséder :

Aleph : Il voit Dieu face à face sans mourir, et converse familièrement avec les sept génies qui commandent à toute la milice céleste.

Beth : Il est au-dessus de toutes les afflictions et de toutes les craintes.

Ghimel : Il règne avec tout le ciel et se fait servir par tout l'enfer.

Daleth : Il dispose de sa santé et de sa vie et peut également disposer de celle des autres.

Hé : Il ne peut être ni surpris par l'infortune, ni accablé par les désastres, ni vaincu par ses ennemis.

Vau : Il sait la raison du passé, du présent et de l'avenir.

Dzain : Il a le secret de la résurrection des morts et la clé de l'immortalité.

Cheth : Il peut trouver la pierre philosophale.

Teth : Il peut connaître la médecine universelle.

Jod : Il pourra connaître les lois du mouvement perpétuel et démontrer la quadrature du cercle.

D'autres pouvoirs lui sont promis :

Caph : Changer en or non seulement tous les métaux, mais aussi la terre elle-même, et les immondices mêmes de la terre.

Lamed : Dompter les animaux les plus féroces et savoir dire les mots qui engourdissent et charment les serpents.

Mem : Posséder l'art notoire qui donne la science universelle.

Nun : Parler savamment sur toutes choses, sans préparation et sans étude.

Samech : Connaître à la première vue le fond de l'âme des hommes et les mystères du coeur des femmes.

Gnain : Forcer, quand il lui plait, la nature à se livrer.

Phé : Prévoir tous ceux des évènements futurs qui ne dépendent pas d'un libre-arbitre supérieur ou d'une cause insaisissable.

Tsade : Donner sur le champ et à tous, les consolations les plus efficaces et les conseils les plus salutaires.

Coph : Triompher des adversités.

Resch : Dompter l'amour et la haine.

Schin : Avoir le secret des richesses, en être le maître toujours et jamais l'esclave. Savoir jouir même de la pauvreté et ne tomber jamais ni dans l'abjection ni dans la misère.

Thau : Gouverner les éléments, apaiser les tempêtes, guérir les malades en les touchant et ressusciter les morts.

Ce qu'il faut retenir de tout cela ce sont les secrets de la philosophie occulte et dans ce que nous appelons le Grand Œuvre. Découvrir la pierre philosophale, la transmutation des métaux, la médecine universelle, le mouvement perpétuel n'appartient pas aux rêves de la folie. Ce sont des phénomènes qu'il faut comprendre dans leur véritable signification et qui font partie des différents caractères d'une même opération, si l'on préfère, la clé de voûte de tout l'édifice des sciences occultes sur lequel se construit aujourd'hui celui de la science moderne.

Le trésor du Vieillard des Pyramides

C'est un grimoire qui, à part quelques variantes, est rédigé dans le même esprit que les précédents. C'est encore une véritable science destinée à conjurer les esprits de toute nature, les commander, obtenir d'eux tout ce que l'on désire, connaître les pensées des autres, même les plus dissimulées, découvrir les secrets, les trésors bien cachés, diriger les puissances infernales contre ceux qui nous nuisent, de gagner au jeu, d'acquérir tous les talents et de faire avorter les malédictions. Mais, attention, dans ces engagements à ne pas se tromper d'un seul mot !

Œuvres magiques de Corneille Agrippa

Ce médecin magicien, Henrich Cornélius Agrippa Von Netteshein (1486-1535), qui fut le protégé du pape Léon X, peut être considéré comme le père de la philosophie occulte, une philosophie qui place la physique et la mathématique dans les dimensions et les mouvements des corps célestes et une théologie qui nous conduit à Dieu, aux anges et aux démons. Il va encore plus loin en déclarant que la religion est « l'accomplissement et la clé de la magie ». Ne dit-il pas à son ami Aurélien Aquapendente :

« Le sens vrai de la magie et de l'alchimie se trouve ailleurs que dans les livres ; il est voilé par de profonds mystères, que nul docteur n'a jamais clairement expliqués. De la les inutiles efforts de ceux qui cherchent sans discernement à pénétrer les secrets de la Nature et qui, s'ignorant euxmêmes, cherchent au-dehors ce

qu'ils ont en eux. Ces prodiges annoncés avec tant de hardiesse par les mathématiciens, magiciens, alchimistes, nécromanciens, il dépend de nous de les accomplir et nous le pouvons sans crime, sans offenser ni Dieu ni la religion. C'est en nous-mêmes qu'est le magicien. »

Comme on le voit, Agrippa prend d'indispensables précautions pour ne pas s'attirer les foudres de l'Église en affirmant clairement le caractère exclusivement naturel de la Magie. Il déclare, en effet, que les forces de la Nature, en grande partie cachées à nos sens, sont formées de vibrations subtiles. Ces vibrations, nous en profitons, nous les subissons, mais elles sont aussi utilisables du fait qu'elles sont autour de nous et en nous. Des échanges peuvent alors se produire conscients et maîtrisés. Aussi, nous est-il donné des oppositions de la Magie Blanche et de la Magie Noire dans des opérations ambivalentes dont les forces peuvent être orientées vers le Bien, comme vers le Mal.

Nous aurions tort toutefois de ne considérer Agrippa que dans cette orthodoxie des choses. Sa religion est un mélange de christianisme, de néo-platonicisme et de Kabbale. Il croit aux démons, bons ou mauvais, célestes ou cosmiques, sur célestes ou régissant les quatre éléments. Il nous parle aussi d'exorcisme par le feu et utilise une oraison à Dieu pleine de blasphèmes, ce qui, curieusement, va à l'encontre de toutes les précautions que le mage médecin a dû prendre jusque-là pour échapper aux foudres de l'Église.

Conscient de l'incroyable magie qu'il déploie, il a même l'audace d'étudier les dix noms sacrés de Dieu, le langage des anges, leurs noms et conjurer le surnaturel en déchiffrant les secrets des hiéroglyphes kabbalistiques.

De fort curieuses anecdotes nous ont été transmises au sujet d'Agrippa, dans un faux air comico-faustien. Entre autres, l'histoire d'un jeune étudiant qui, un jour, profite de l'absence du Mage pour s'introduire dans son cabinet. Et le voilà en train de lire avec avidité *Le Livre des Incantations*. L'insensé ! Dans sa lecture, le jeune étudiant avait, sans le vouloir, évoqué le démon auquel son maître s'adressait. Et le démon, furieux d'avoir été dérangé, apparaît, se jette sur le pauvre garçon et l'étrangle. Agrippa revient quelques instants plus tard, découvre le cadavre, comprend immédiatement et rappelle le démon *« Ranime-le, lui ordonne-t-il, juste assez pour qu'on puisse lui faire quitter ce lieu »*. Le démon accepte, le jeune homme revient à la vie et on le conduit non loin de là, sur la place du marché. C'est là qu'il s'effondre, bien mort cette fois !

Il est bien difficile de juger cette curieuse anecdote et si l'on en croit la petite histoire, l'affaire fit grand bruit et le scandale éclata autour d'Agrippa.

Le Grand et *Le Petit Albert*

C'est le livre magique le plus connu, le plus critiqué, mais aussi le plus représentatif de la pensée moyenâgeuse. Et l'on comprend son succès populaire avec les vagues successives de mise au ban, au point que l'on pouvait dire : « Si c'est interdit, c'est que c'est bon, efficace et sans doute réservé à une caste de privilégiés. » Et la raison enchaîne : « Si c'est absurde en quoi est-ce dangereux et pourquoi l'interdire ? »

Le Petit Albert est un recueil de recettes de toutes natures, érotiques ou domestiques, d'oraisons magiques, de recherches de trésors, d'anneaux planétaires, de la création artificielle de l'or et de talismans à partir du mercure : talisman du Soleil, de la Lune, de Mars, de Mercure, de Jupiter, de Vénus et de Saturne.

Les secrets admirables d'Albert Le Grand (évêque de Ratisbonne) contiennent plusieurs traités sur la conception des femmes. C'est aussi un traité d'embryologie (selon la science de l'époque) avec les différences influences astrales, lesquelles agissent également sur la vertu des plantes, des pierres et de certains animaux, et cela se termine par une collection de secrets appartenant à la basse sorcellerie.

Dans ces grimoires, on parle aussi d'invisibilité

D'incroyables recettes magiques prétendent renfermer un tel secret. On en doute, évidemment, d'autant que les procédés sont très divers et jamais tellement détaillés. *Le Petit Albert* et le *Dragon Rouge* nous parlent de l'anneau de Gigés, un anneau qu'il fallait porter sur soi et d'une composition accordée à la personnalité du possédant. D'autres parlent de coeur de grenouille ou de chauve-souris à glisser sous le bras, ou de s'éclairer d'une lanterne faite avec le crâne d'un enfant mort. Tout cela relevant, on le voit, de cerveaux mal équilibrés ou désireux d'inventer le merveilleux aux yeux de naïfs et de crédules à bon marché.

Le Secret des Secrets, l'antique grimoire, nous donne, de son côté, la formule incantatoire qui rend invisible. Il suffit de prononcer, après les rites indiqués, l'oraison suivante :

Athal, Bathel, Nothe, Jhoram, Asey, Cleyungit, Gabellin, Semeney, Men Cheno, Bal, Labenenten, Nero, Meclap, Halateroy, Palcin, Timgimiel, Plegas, Peneme, Fruora, Héan, Ha, Ararnan, Avora, Ayla, Seye, Peremies, Seney, Levesso, Huay, Baruchalu, Acuth, Tural, Buchard, Caratim, per misericordiam abibit ergo mortale perficiat qua hoc opus ut invisibiliterire possim.

Plus près de la réalité, le seul moyen d'acquérir l'immortalité c'est, à mon avis, celui obtenu dans les « sorties en astral ». Ceux qui s'intéressent à ce phénomène et qui le pratiquent connaissent l'état de décorporalité qui les rend invisibles, de ceux qui assistent à l'expérience ou qui se trouvent présents au moment où le phénomène se produit, volontairement ou accidentellement, car ces « sorties hors du corps » peuvent avoir des causes involontaires (fièvre, traumatisme cérébral, somnolence, etc.). C'est ce que l'on appelle vulgairement : l'esprit hors de la matière.

De son côté Aleister Crowley, le célèbre mage noir toujours désireux de scandaliser le bourgeois par des fabulations de la bêtise humaine, a fait courir les bruits les plus fantastiques qui lui permettaient de dépasser sa condition humaine pour s'élever à une solennité glorieuse. C'est ainsi qu'il affirmait avoir vérifié l'efficacité de sa méthode magique qui lui permettait d'acquérir l'invisibilité.

Comme le rapportait mon ami Serge Huttin, Crowley défila, une journée entière, dans divers quartiers de Mexico, paré d'une somptueuse robe rouge et coiffé d'une couronne étincelante, et cela sans éveiller l'attention de quiconque. Sa méthode était purement psychique, sans doute, comme le précise Huttin dans son ouvrage *Aleister Crowley* (Marabout, 1973), une forme perfectionnée de l'hypnose, une sorte de blocage qui empêchait les gens de remarquer sa présence, d'en prendre conscience. C'est, en tout cas, la seule explication qui nous est apportée sur l'invisibilité d'Aleister Crowley.

Encore quelques mots sur Aleister Crowley

Considérons un instant ce qui est rapporté au sujet de ce mage satanique, spécialiste des messes noires et autres pratiques sinistres, personnage fantastique et monstrueux qui mêlait le sacrilège aux vices les plus raffinés.

Après sa mort, quelqu'un acheta, contre l'avis de Gérald Yorke, connu pour ses études orientalistes et ses précieuses recherches sur divers sujets occultes, une collection de formules que Crowley avait léguée à un certain musée. Selon Yorke, les formules devaient rester dans ce musée comme Crowley lui-même l'avait souhaité.

L'acheteur passa outre le conseil, mais, bientôt après, il fut atteint d'une maladie qu'aucun médecin n'arrivait à diagnostiquer. L'étrange maladie empira tandis que sa femme était atteinte d'une enflure douloureuse au cou. Dans la maison, rien n'allait, le chien était mort, les ennuis s'accumulaient, la situation devenait invivable. L'homme décida alors de se débarrasser des manuscrits et les remit à Gérald Yorke qui les ramena au musée. Dès lors sa maladie disparut de même que celle de sa femme et, pour eux, tout rentra dans l'ordre.

Alors, quelle explication apporter ? Ces phénomènes désagréables étaient-ils le résultat d'interventions désincarnées de Crowley ? Ou bien ses formules avaient-elles été « enveloppées » dans une certaine forme de pensée pour s'assurer que nul autre que le musée ne pouvait les posséder ?

Quand on connaît l'extraordinaire puissance mentale de cet homme, sa fantastique concentration du pouvoir de la pensée, on peut alors imaginer que des objets auraient pu être chargés de ses volontés, blanches ou noires, et qu'ils le demeureraient encore après sa mort.

La Main de Gloire

S'inspirant d'un extrait du *Petit Albert,* des ouvrages de pacotille et de colportage ont développé, dans leurs oeuvres de basse sorcellerie, un charme utilisé dans un but de nuisance et de crime, appelé *Main de Gloire.*

De quoi s'agit-il ? Si l'on se penche sur ces textes, on peut lire : *« De la Main de Gloire dont se servent des scélérats voleurs pour entrer dans les maisons, de nuit, sans empêchement ».* Il nous est ensuite expliqué la préparation qui consiste tout d'abord à se procurer la main, droite ou gauche, d'un mort (de préférence celle d'un pendu ou d'un décapité). Cette main est ensuite enveloppée dans un morceau de drap mortuaire, afin de la presser jusqu'à ce qu'elle ait rendu tout le sang qui est en elle. La main est ensuite déposée dans un vase de terre avec du zimat (ou zimax) qui serait le nom alchimique du vitriol vert. On ajoute du salpêtre, du sel et du poivre, bien pulvérisés et on laisse le tout « mijoter » pendant 15 jours, pour l'exposer finalement au grand soleil jusqu'à ce que la main soit devenue sèche, Si ça ne suffit pas, on la place dans un four chauffé avec de la fougère et de la verveine. Cela est suffisant pour achever le travail.

Il s'agit maintenant de confectionner une sorte de chandelle avec de la graisse humaine, de la cire vierge et du sésame. La *Main de Gloire* servira de chandelle et dans tous les lieux où l'on se rendra avec ce macabre instrument, les personnes que l'on rencontrera demeureront figées sur place et les voleurs pourront profiter sans ennui de l'accomplissement de leurs crimes.

Certains textes, pour la confection de la chandelle, remplacent la graisse humaine par de la graisse de veau marin et ajoutent, qu'avec la *Main de Gloire*, « les barres tombent et les serrures s'ouvrent. »

Je n'indique ce procédé qu'à titre de curiosité et pour montrer surtout l'abomination et le degré d'avilissement d'une magie du Mal que l'on appelle la goétie, une magie rurale qui, en somme, repose sur l'hétéro ou l'auto suggestion et l'hypnotisme. Car c'est bien de cela qu'il s'agit avec des gens qui croient à l'absolue réalité de ce qui n'est, en somme, que dans leur imagination et qui les entraîne à braver les obstacles et à méduser leurs victimes pour arriver à leurs fins. C'est du moins le jugement apporté par certains magnétiseurs et psychistes devant tant d'imbécillité !

Mais, quoi qu'il en soit, le phénomène est réel, même s'il fait entrer en jeu le magnétisme personnel et même encore si la *Main de Gloire* relève d'un talisman du Mal ou d'un charme magique qui s'est exercé dans divers pays de la planète, notamment en Inde.

Le phénomène est toujours en rapport avec les vols et les enlèvements d'enfants comme l'indiquent les anciens procès engagés sur ces sombres entreprises.

À signaler que le phénomène de la *Main de Gloire* est maintenant, fort heureusement, tombé en désuétude.

Dans *Le Petit Albert*, voici deux curieuses expériences :

« Broyez et réduisez en une fine poudre le coeur d'un jeune pigeon et la tête d'une grenouille. Si la poudre est placée sous l'estomac d'une personne qui dort, celle-ci livrera ses pensées, même les plus intimes. » À déconseiller, cela va de soi, entre mari et femme, surtout si le procédé est mal compris et mal utilisé.

Par contre, l'oeuf dans la bouteille est un « truc facile à réaliser ». Très simple : *« Laissez tremper un oeuf de poule pendant 5 jours dans du bon vinaigre. Vous verrez alors que sans se briser l'oeuf devient aussi malléable qu'un morceau de caoutchouc à tel point que vous pourrez le faire glisser par le goulot de la bouteille jusqu'au fond. Ne rebouchez pas afin que les vapeurs de vinaigre puissent s'évaporer. Petit à petit votre oeuf reprendra sa forme normale. »*

Cela, bien sûr, épatera vos amis, car il n'existe pas beaucoup de gens qui possèdent, chez eux, un oeuf... au fond d'une bouteille !

Une autre expérience, d'un genre différent, est encore attribuée à Albert le Grand. Ce fut, sans doute, la construction du premier robot, un « personnage » de mécanique qui travaillait pour lui dans sa maison. On pense qu'il s'agissait là de la première machine à calculer et que la mécanique fournissait aussi à son maître les réponses à de difficiles questions, posées en matière d'astrologie et de théologie.

L'histoire rapporte que l'homme mécanique parlait tellement que Saint Thomas d'Aquin, alors élève d'Albert, brisa le robot à coups de marteau parce qu'il ne pouvait travailler en paix. Cela ne changea rien. Le robot ayant été détruit, ce fut, devant sa fenêtre, une procession ininterrompue de voitures et de chevaux. Irrité, Saint Thomas crut mettre définitivement fin à ce vacarme en modelant une image de cire représentant un cheval, image qu'il enterra dans la rue, juste devant la maison. Peut-être fut-ce la solution ? Car, à partir de ce jour, plus aucune charrette ne passa. Même pas un cheval !

On pourrait attribuer cet exemple aux phénomènes de vibrations appartenant aux formes pensées, dont l'aspect dynamique permet de réagir sur la matière, cela d'après les travaux du docteur Rhine qui sut démontrer que l'esprit, agissant d'une manière encore inexpliquée, pouvait affecter la matière. De là une théorie fort répandue selon laquelle les formes pensées projetées contiennent des énergies qui leurs sont propres et reproduisent celles de l'idée soutenue dans l'esprit de celui qui l'a projetée.

La recherche scientifique a aujourd'hui montré que les formes pensées ont une existence objective et peuvent même être photographiées. Dans des centres de recherches, on s'est aperçu que des ondes de haine, de souffrance et de terreur arrivaient à s'accumuler et pouvaient déferler ensuite comme un fleuve en crue en provoquant de sérieux dommages.

Les grimoires : que devons-nous en penser ?

En conclusion, quelle attitude devons-nous adopter devant ces « livres maudits », étranges amalgames de religiosité et de satanisme, de mysticisme et de sottise, de diabolisme et de piété, et quelquefois de sorcellerie bête à pleurer. À jeter au feu ! Suivant l'avis de certains.

Et pourtant le mal existe. Même si les démons traditionnels échappent à toute réalité, nous savons que des entités mauvaises, venues de l'au-delà sur toutes sortes d'appels, peuvent entrer dans le plan physique et donner libre cours à leurs instincts pervers. Comme il suffit à un sorcier d'entrer en contact avec des Êtres de cette sorte pour arriver à faire tout le mal possible.

Certes, la crédulité humaine va quelquefois très loin et ces appels au monde invisible en sont de très bons exemples, mais il ne faut quand même pas oublier que les invocations et les rituels sont des formules magiques pouvant déclencher des forces que nous ne contrôlons pas toujours.

Concernant ces pratiques magiques, l'avis d'Éliphas Lévi, le grand occultiste, n'est pas à négliger, surtout lorsqu'il parle, entre autres, du fameux grimoire du pape Honorius III, déjà cité.

« Ce grimoire, dit-il, est, dans toute la force du terme, un manuel de sorcellerie mauvaise et de magie noire. Au premier abord, il semble n'être qu'un tissu de révoltantes absurdités, mais, pour les initiés aux signes et aux secrets de la kabbale, il devient un véri-

table monument de la perversité humaine ; le diable y est montré comme un instrument de puissance. Se servir de la crédulité humaine et s'emparer de l'épouvantail qui la domine pour la faire obéir aux caprices de l'adepte, tel est le secret de ce grimoire. »

Aussi, je pense qu'il semble plus sage de ne pas s'immiscer dans ces pratiques si l'on n'est pas très sûr du terrain sur lequel on s'engage. C'est en tout cas, le conseil que je renouvelle à ceux qui tenteraient l'expérience évocatoire qui est l'une des racines les plus dangereuses de la magie rituelle et opérative.

Chapitre 7

Les statues animées, les statues qui parlent

De tout temps l'homme a rêvé, avec un Pygmalion dans son coeur, de réaliser des êtres à son image, de créer magiquement des êtres vivants en renouant avec la vieille tradition des statues animées.

Le vertige nous saisi à ces perspectives incroyablement démiurges qui, pour la première fois, furent révélées par Hermès-Thot à Aclépius. Voilà ce qu'il lui dit lorsqu'il parle des statues des temples égyptiens :

« Ces statues qui, dotées d'un principe de vie et d'un souffle (allusion faite au ka et au ba égyptiens), accomplissent de si grandes merveilles ; ces statues qui prévoient les futurs et les font connaître par présage, inspiration, songes ou tous autres moyens ; ces statues qui envoient aux hommes les déficiences physiques et les guérisons, la tristesse et la joie, tout cela suivant leurs mérites ».

Les chrétiens, fort instruits des anciennes traditions, ne mirent pas en doute les révélations « merveilleuses » d'Hermès-Thot, mais jugèrent seulement, avec Saint Augustin, que l'animation des « idoles » maudites était due à des démons malfaisants et trompeurs, ce que le rhéteur platonicien Apulée (vers 125-180 après J.-C.), exposait dans son traité de « daimonologie ».

Les « eidola » et les idoles maudites

Mais nous nous éloignons du rationalisme magique de Démocrite qui aurait été le premier à enseigner les sympathies entre les cieux et la terre, déclarant que les objets de toutes sortes, qu'ils nous paraissent inanimés ou vivants, émettent en permanence des images d'eux-mêmes appelées *« eidola »* (ou esprits), d'où l'on a dérivé le mot idole. Mimatériels, mi-spirituels, ces entités, qui remplissent l'espace, peuvent agir lorsqu'elles se sentent en sympathie, favorisant ou défavorisant leurs interactions. Mais si l'on sait utiliser les analogies et sympathies adéquates, il est alors possible d'insuffler des « éidola » à des objets pour les animer. Les chaldéens eux-mêmes, avec de telles pratiques, s'efforcèrent d'entrer en contact avec les dieux. Voici un exemple de cette cérémonie :

« Exécute une statue, purifiée comme je te l'enseignais. Fabrique le corps avec la rue sauvage, orne-le avec des petits animaux, des lézards familiers. Broie avec de la myrrhe, des gommes odorantes et de l'encens ces animaux. Va en plein air, à la Lune croissante, accomplis la cérémonie en faisant cette prière.» (Voir *La Révélation d'Hermés Trismegist* A.-J. Festugière. Paris 1953, T. 3, page 48).

Les Terraphims venus d'Égypte

L'Égypte nous stupéfie encore en nous parlant des Terraphims lesquels, dans de nombreux textes bibliques, nous sont présentés comme des statuettes parlantes ayant une âme et capables de répondre aux questions qu'on leur posait. Les Écritures les considèrent, en effet, comme des oracles infaillibles. « Le Roi de Babylone, nous est-il dit, s'arrêta à la croisée de deux chemins pour consulter et questionner les Terrraphims ». Peut-on logiquement questionner les pierres qui ne parlent pas ? Ce serait un non-sens.

D'après l'Ancien Testament, le Syrien Laban en possédait plusieurs. Lorsque sa fille Rachel s'enfuit avec Jacob, il nous est dit qu'elle emporta les idoles parce qu'elle craignait que les Terraphims ne disent à son père dans quelle direction les amoureux avaient fui. Elle garda les Terraphims cachés sous ses vêtements et ce furent les seuls objets de son foyer pour lequel Rachel garda, jusqu'à sa mort, une profonde dévotion.

Au sujet de ces idoles parlantes, la question est toujours posée : les Égyptiens en étaient-ils vraiment les créateurs ? Certains pensent qu'ils provenaient de l'Atlantide, ce continent maudit et englouti sous les eaux en des temps prébibliques ; d'autres les disent provenant de créatures extra terrestres.

Nul ne connaît exactement l'origine de cette magie populaire

D'après Balthazar Beckker, un théologien protestant du XVIIe siècle, les Terraphims seraient issus d'une effroyable cérémonie nécromantique. Pour en obtenir un, il fallait assassiner le premier de ses enfants ; on lui ouvrait la tête, on la frottait de sels d'ammoniaque et on la questionnait. Elle répondait alors aux questions posées sur l'avenir à condition d'avoir placé sous sa langue une lame d'or sur laquelle on avait tracé les noms de Belzébuth, Asmodée et Samaël.

Il est encore difficile de porter crédit à ces assertions qui nous font naviguer entre le sadisme et la naïveté, mais cette version semblerait pourtant se préciser avec de nombreux meurtres rituels commis sur des enfants au Moyen-Âge, principalement des enfants juifs exécutés par leurs propres parents. Nous avons à ce sujet, à la Bibliothèque l'Arsenal, le livre du kabbaliste Abraham le juif qui nous montre dans une enluminure des juifs recueillant le sang d'enfants juifs et non juifs, pour leurs opérations de Magie Noire.

Et n'oublions pas le Baphomet des Templiers

On a aussi accusé les Templiers d'adorer dans leurs cérémonies secrètes une tête aussi monstrueuse appelée Baphomet qui ne serait autre qu'un Terraphim. Le Baphomet n'est pas une légende, ce n'est pas une invention des Inquisiteurs : il a réellement appartenu aux Templiers. Si lors de leur procès, de nombreux Templiers déclarèrent n'avoir jamais vu cette tête parlante, par contre, certains avouèrent l'avoir connue, tel le Grand Templier Hugues de Pairaud qui déclara au cours de son procès, l'avoir tenue dans ses mains à Montpellier. Mais les descriptions diffèrent : tête à deux ou trois faces (rouge ou noire) d'un homme à grande barbe pour les uns, alors que d'autres la décrivent comme étant de bois argenté ou doré, en argent, en or ou en cuivre. Son regard fixe était fait d'émail et de saphir et quelquefois aussi d'or et d'argent doré.

« Sa figure est terrible, déclarait de Précepteur d'Orléans. Il semblait que c'était celle d'un démon. »

Il nous est indiqué que certains frères adoraient la tête en l'appelant « mon Sauveur ».

« On avait bien pis en reniant Jésus-Christ, déclare encore le Précepteur d'Orléans. On pouvait bien, à présent, adorer la tête. »

Quant au templier Raloul de Giris, il la décrit ainsi :

« C'était une méchante chose ressemblant à un démon. Ayant jeté les yeux sur cette tête, j'en fus à ce point épouvanté. »

L'Histoire a aussi reconnu l'existence de nombreux golems

Entendons par golem, un mot qui signifie germe, mot que les magiciens juifs du Moyen-Âge ont emprunté à un psaume de la Bible écrit à la gloire du Créateur (psaume 139, V. 15 et 16) :

« Ma substance n'était pas cachée devant toi
lorsque j'étais formé dans le secret,
modelé avec art dans les profondeurs de la terre.
Je n'étais qu'un golem informe et tes yeux
me voyaient. »

S'inspirant de ce texte, il nous est dit que les magiciens juifs du XIIIe siècle eurent l'idée d'animer une effigie de terre pétrie avec de l'argile rouge et sur le front de laquelle ils écrivirent le mot EMET, qui signifie Vérité.

Les golems représentaient pour les kabbalistes une puissance soumise. C'est ainsi qu'ils donnaient souvent à leur créature la ressemblance d'un ennemi et lui ordonnaient de commettre un crime que l'ennemi, accusé, payait de sa vie. Parfois ils allaient jusqu'à figurer leur golem sous la forme d'une bête féroce qui tuait ceux qui lui résistaient.

C'est un ami de l'astronome Tycho Brahé, le rabbin Loew (1513-1609) qui créa le premier golem, lequel, attaché à sa personne, le servait comme un parfait robot. Mais vers la fin de sa vie, le rabbin voulut détruire son oeuvre. Il effaça la première lettre du mot EMET qui devint MET et MET signifiait la mort ! Immédiatement, l'entité animée se figea et redevint la statue d'argile inerte et sans vie. Beaucoup, dans l'entourage du rabbin, tentèrent de réanimer la statue, mais en vain. Elle redevint poussière.

Un autre rabbin, Élipahn Chebors, aurait, à son tour, créé un golem au XVIIe siècle, mais celui-ci, comme les autres, avait la faculté de grandir d'une façon inquiétante au point d'atteindre la taille d'un géant. Terrorisé par sa création, le rabbin l'obligea, un jour, à se courber pour passer par une ouverture et il en profita pour effacer sur son front le mot dynamiseur. La créature s'effondra et c'est tout juste s'il réussit à éviter l'énorme masse d'argile qui se renversait sur lui.

Le dernier golem dont l'Histoire a gardé le souvenir, c'est celui réalisé au début du XIX siècle, par le rabbin David Jaffa, en Lithuanie. Il connut, chose curieuse encore, le même sort que les précédents.

Mais la plus extravagante idée est sans doute celle du « joueur d'échecs » du baron Wolfgang de Kempelen. Ce robot, à la pensée humaine, avait la grandeur d'un homme normal et se trouvait assis sur un siège monté sur des roulettes. Sa spécialité était de jouer aux échecs avec des personnalités de son époque. Maître de ses points, le « joueur » gagnait presque toujours et si quelqu'un essayait de le tromper, de tricher ou d'utiliser de faux coups, l'automate, pris de colère, brouillait les pièces mettant ainsi un terme à la partie.

En 1809 l'automate joua avec Napoléon Ier. L'Histoire rapporte que l'Empereur joua plusieurs fois illégalement et que l'automate, sans se soucier de la qualité de son adversaire, renversa rageusement les pions sur l'échiquier. Napoléon se leva avec le sourire, salua tout le monde et sortit.

Puis, vint le tour de l'Impératrice de Russie, Catherine II, qui tenait absolument à engager une partie avec la curieuse « créature ». La partie eut lieu à la cour de Saint-Pétersbourg. Par trois fois l'automate gagna et l'impératrice en fut décontenancée. Elle voulut acheter le « joueur », mais son créateur refusa prétextant qu'elle ne serait jamais capable d'en comprendre la mystérieuse nature.

Que doit-on penser ? On a émis l'hypothèse d'un homme habilement dissimulé dans la créature de métal. Cela parait gros quand on sait que le « joueur » était minutieusement examiné avant chaque partie. Un homme, si petit soit-il, ne serait jamais passé inaperçu. Alors qui était cette créature artificielle qui disparut d'ailleurs sans laisser de trace, à part quelques morceaux de ferraille récupérés par un industriel parisien ! Quel incroyable secret son créateur a-t-il emporté avec lui ?

De minuscules créatures conservées dans des bocaux !

Des expériences magiques aussi impressionnantes, nous sont données par le comte J.-F de Kueffstein et l'abbé Géloni, tous deux francs-maçons qui, après avoir évoqué les esprits et fait appel à des démons, réussirent à créer, dans des flacons, dix minuscules objets informes qu'il fallut manipuler précautionneusement avec des pinces en argent. Huit seulement survécurent : un roi, une reine, un moine, une nonne, un chevalier, un architecte, un Esprit Rouge, et un Esprit Bleu[1].

Chaque créature, nous dit-on, fut enfermée dans un bocal d'environ deux litres. Afin qu'elles ne puissent s'échapper, les bocaux étaient fermés d'une membrane comportant un sceau rappelant aux magistes, ceux utilisés par Agrippa dans sa Philosophie occulte. Le but des deux magiciens n'était pas de conserver ainsi leurs créatures, mais de les voir grandir et se développer comme de véritables humains. Pour cela les bocaux furent transportés dans un coin du jardin du couvent des Carmélites, puis enfouis dans du fumier de mulet que l'on arrosa ensuite d'une liqueur préparée, selon le texte, « au prix de grands soins et de grandes peines ». S'ensuivirent une intense fermentation et une chaleur ardente ponctuées tous les trois jours d'invocations et d'encensements de la part des deux magiciens qui, finalement, exhumèrent les bocaux et les ramenèrent dans leur laboratoire pour les tremper dans un bain de sable chaud. Cela dura trois jours. Lorsqu'ils revinrent la transformation était accomplie. Les créatures

1. Voir à ce sujet le livre du comte J.-F. de Kueffstein, selon les notes de Joseph Kammerer, in. *Le Sphinx* (mai 1890) traduit en français par L. Desvigne (mars 1897).

informes étaient devenues des petits êtres humains adultes qu'il fallut habiller et parer du mieux possible.

C'est l'abbé Géloni qui se chargea de leurs costumes. D'abord de somptueux vêtements pour le roi qui reçut, pour cette occasion, une couronne et un sceptre, la reine un diadème étincelant, le chevalier eut un glaive et une lance, l'architecte eut droit au compas et à l'équerre et les autres de luxueux parements en rapport avec leur représentativité.

On leur coupa les cheveux, seul le moine refusa et s'insurgea si bien qu'il mordit la main protectrice de l'abbé Géloni. *« Mais qu'ont-elles donc » ?* s'écria le comte de Kueffstein, en voyant les petites créatures manifester rage, colère et agressivité. En effet, ces huit esprits étaient toujours de méchantes humeurs, ils se querellaient et acquéraient trop vite les passions humaines. Il fallut vérifier les membranes obstruant les bocaux et réciter de nouvelles conjurations pour calmer les entités qui ne pensaient qu'à s'évader de leur prison de verre.

C'est pourtant ce qui arriva. Un jour, le roi parvint à se libérer de son récipient et se porta vers celui de la reine. Kammerer, dans ses notes, nous raconte comment il s'aperçut du danger en remarquant que le roi, penché sur le récipient de la reine, regarde celle-ci d'un air enflammé. Kemmerer appelle alors le comte Kneffstein et tous deux se mettent à courir après le roi qui, se voyant découvert, se met à sauter d'un meuble à l'autre comme un petit singe jusqu'au moment où, vaincu par la fatigue, il s'écroule, évanoui. Le comte le saisit dans ses mains, mais le petit roi, retrouvant brusquement toute sa vitalité, le mord au nez si cruellement que le seigneur en garda les traces pendant quinze jours.

L'Esprit Bleu était le seul à manifester bonté et résignation. L'eau qu'on lui servait restait pure et claire. Quelque fois elle se colorait d'un magnifique bleu céleste alors que l'Esprit Rouge devait être nourri du sang d'un animal fraîchement tué. Il avait une langue démesurée, roulait des yeux de fou. C'était le diable en personne ! Toujours d'après Kammerer, le régime alimentaire de ces homoncules consistait, tous les trois jours, à une petite cuillerée d'un liquide rosâtre que l'on suppose à base de sang humain et aussi d'eau bénite. L'histoire consignée rapporte que ces créatures possédaient un certain don de divination et de connaissance de choses interdites et que c'est sous cet aspect qu'elles furent présentées aux initiés maçonniques de Vienne. On devine l'enthousiasme manifesté, surtout par le comte de Thun, célèbre mesmérien et parfait kabbaliste. Mais on constata alors que les créatures vieillissaient rapidement tout en devenant de plus en plus agressives.

Il fallut prendre une décision et le comte de Kneffstein dut mettre un terme à cette épouvantable expérience. Nul ne sut jamais comment les choses se passèrent et les notes qui nous sont parvenues ne nous disent pas ce que devinrent ces étranges créatures. Le recueil franc-maçonnique nous dit simplement que c'est la femme du comte Kneffstein qui intervint pour qu'on débarrassât le monde de telles horreurs !

On parle aussi de créatures élémentaires

Des magistes, notamment le comte de Gabalis, ont pensé qu'il s'agissait là d'esprits élémentaires, que de puissantes conjurations avaient attaché à un support leur permettant de prendre forme humaine. *« L'air, dit-il, est plein d'une innombrable multitude de peuples de figure humaine, un peu fiers en apparence, mais dociles, grands amateurs des Sciences, subtils, rendant service aux Sages et ennemis des sots et des ignorants. »*

Le comte de Gabalis nous parle aussi des Sylphes, des Ondiens ou Nymphes, des Salamandres et des Gnomes, créatures élémentaires de petite taille, gardiennes de trésors et de choses cachées. Il affirme aussi qu'on peut entrer en commerce avec elles et qu'elles peuvent se libérer de leur servitude en s'unissant charnellement à un être humain. C'est la théorie connue de l'union d'un humain et d'un élémental qu'a repris, dans son *Diable Amoureux* (1772) le conteur Jacques Cazotte lequel fut d'ailleurs guillotiné le 25 septembre 1792 pour avoir trop subi l'influence de sociétés secrètes ouvertement condamnées par la Révolution.

C'est le même phénomène de création que nous retrouvons avec Paracelse qui avait enseigné qu'on pouvait faire naître une petite créature en putréfiant du sperme humain, une créature, elle aussi que l'on nourrissait de sang. Ce sont les fameux homoncules créés dans des prisons de verre au sein d'un environnement complètement artificiel. Beaucoup l'ont qualifié de « démon incarné » et il fut accusé d'avoir reçu du Saint Esprit son art diabolique.

Quoi qu'il en soit, il est toujours difficile de se prononcer sur de telles expériences (?) venant de la part d'un savant à qui nous devons la description du zinc, jusqu'alors inconnu, et l'introduction, dans la médecine générale, de l'usage des composés chimiques.

À la lecture de ce qui vient d'être exposé, on pourra douter, se parer du scepticisme le plus naturel, considérer ces phénomènes comme relevant de la pure naïveté et d'une magie à deux sens propagée par de vieux croquemitaines. Mais en sommes-nous bien sûr ?

Depuis longtemps déjà les progrès stupéfiants de la chimie organique et de la chimie minérale nous ont appris que les êtres vivants se réduisent à quatre corps simples : l'oxygène (diatomique, qui correspond à l'air), l'azote (triatomique qui correspond à l'eau), l'hydrogène (monoatomique, au feu) et un corps solide et fixe, le carbone (tétratomique, qui correspond à la terre). Ces quatre corps fondamentaux soumis à de faibles proportions de phosphore, de soufre et d'autres éléments, sont les bases fondamentales que la nature utilise pour la création de toutes les substances végétales ou animales qui existent en ce monde. En combinant ces corps on arrive à composer différents composés organiques jusqu'aux substances les plus complexes, ouvrant en même temps un champ illimité à la recherche future.

Ce qui appartenait autrefois à la magie devient aujourd'hui réalité

Magie et science, qui à l'origine se confondent, procèdent d'un même désir de l'homme : celui d'avoir prise sur le monde. Et il faut reconnaître que la magie a souvent ouvert la voie à la science. Toutes deux postulent que les phénomènes, quels qu'ils soient doivent avoir une cause et que c'est sur cette cause qu'il faut intervenir. Rechercher une cause est une démarche logique, qu'il s'agisse d'un démon, d'un esprit, d'une force de l'au-delà ou d'un microbe porteur de peste ou de choléra. Peu importe l'origine du phénomène.

Magie et Science : un même désir

Si je veux rester dans le sujet, je dirais qu'un grand nombre de phénomènes revendiqués par l'occultisme, tous pétris de reliques et de mystiques, sont devenus des objets de science, les lois alchimiques également, qui sont aussi devenues des réalités scientifiques.

Mon propos n'est pas de développer ici les techniques utilisées par l'une et l'autre de ces écoles, mais de montrer la persistance de l'esprit magique sous une forme voilée et insidieuse dans la science d'aujourd'hui. Magie et Science sont deux mots qui se confondirent à l'origine, toutes deux étant nées d'une même ambition : celle d'avoir prise sur le monde, sur la nature !

Alors, restons dans la simple « magie scientifique »

Déjà des théories évolutionnistes nous parlent de la création des « germes » de la vie humaine. Des animaux-plantes sont obtenus par la fusion directe de cellules, sans passer par le processus sexuel. Nous créons des monstres sur commande et ils vivent !

Nous intervenons sur les grandes molécules pour modifier le caractère génétique, et si on arrive en ce début du XXIe siècle à fabriquer de la matière vivante, rien ne nous empêchera, avec le progrès des décennies ou des siècles à venir, de réaliser le rêve des homoncules.

Soyons prudents dans nos opinions et nos estimations, car, même si on ne nous le dit pas, il est tout à fait possible que des êtres vivants, sous leur forme élémentaire, soient déjà créés en laboratoire. Qui peut certifier le contraire ?

On me reprochera peut-être de faire de l'anticipation facile. Un reproche que l'on aurait pu faire aussi à Léonard de Vinci quand il prévoyait l'avion et le sous-marin, ou à Fénelon lorsqu'il décrivait, en 1695, des expériences de téléphonie, « dans lesquelles un haut-parleur était utilisé ». Et pourtant toutes ces choses, et bien d'autres encore, se sont réalisées. Et si la création d'homoncules devenait une nouvelle réalité pour la science de demain ? Que ces créatures soient perfectionnées au point d'être débarrassées des vices et des ombres de vérité sociales ou religieuses qui animent les hommes ?

Si cela est, ou sera, quelles seront ces créatures ?

Fortes et puissantes, elles formeraient peut-être une nouvelle humanité, les homoncules de demain créant à leur tour, par voie de synthèse, des êtres semblables à eux-mêmes. C'est possible. Tout est possible. Alors, peut-être une chance en présence du mal qui ronge le monde actuel, possible encore, mais, pour ma part, je ne crois pas au bonheur futur de l'humanité en de telles conditions d'autant que les progrès de la biologie, *« l'engineering genetic »*, puisqu'il faut l'appeler par son nom, nous apparaît encore plus effrayant.

Dans ses perspectives démiurgiques, l'homme d'aujourd'hui a créé le clone, un être qui n'a ni père ni mère et qui peut vivre sous le carcan d'une science qui lui est imposée, un esclave à notre image que nous tuerons un jour pour lui prélever son foie, son estomac, son cœur et que nous incinérerons ensuite pour passer au suivant. Comme on dit vulgairement : des pneus de rechange !

Une horreur que ni Paracelse, ni Agrippa, ni Albert le Grand n'auraient sans doute jamais imaginée. Comme quoi la science d'aujourd'hui a aussi sa Magie Noire.

Peut-être la plus inquiétante et la plus honteuse que nous n'ayons jamais connue.

Chapitre 8

La nature nous envoie des signaux

Rares sont ceux qui peuvent comprendre le langage de la nature

La nature nous parle, nous interpelle. À nous de l'écouter, de savoir écouter les millions de mécanismes visibles et invisibles qu'elle nous propose, les deux échappant à la connaissance, pour certains, et à l'ignorance irrationnelle pour d'autres.

La nature nous offre ses secrets non seulement sur le plan du psychisme collectif, mais aussi à des individus qui, congénitalement, ont la structure psychique qui leur permet d'acquérir, sans l'avoir autrement cherché, le signal qui convient dans tel ou tel cas.

La nature nous envoie des signaux que nous devons savoir interpréter, mais il faut savoir aussi qu'un signal donné ne correspond qu'à un phénomène donné.

Prenons un exemple avec un chien à qui l'on fait retentir à ses oreilles un sifflet d'un ton donné au moment de son repas. Si on l'entraîne durant quelques jours, lorsque le sifflet retentira il se précipitera sur sa nourriture. Mais sa réaction sera la même lorsque le sifflet retentira en l'absence du repas ; il éprouvera à ce moment le même désir, la même salivation, la même sécrétion gastrique. C'est d'ailleurs ce genre d'expérience qui a permis l'établissement de la célèbre théorie de Pavlov sur les réflexes conditionnés.

Dans l'exemple du chien, il ne s'agit pas d'une simple relation de causalité au sens strict du terme, puisque, sans dressage, le coup de sifflet aurait été sans résultat. Autrement dit les mêmes causes ne produisent pas toujours les mêmes effets. Donc, quand le chien réagit après dressage, le coup de sifflet agit sur lui comme un signal. Exactement comme un réveille-matin qui sonne et nous réveille parce que nous nous sommes conditionnés nous-mêmes dans cette réaction. Si l'on n'utilise pas le mécanisme approprié, le réveille-matin ne sonnera pas. Peut-être, notre horloge intérieure nous permettra- t-elle de nous réveiller au même moment, mais s'il sonne il ne pourra être considéré comme l'unique condition à notre levée matinale.

Autre exemple : la sirène de midi qui sonne dans une usine. Les ateliers se vident à ce moment, mais si la sirène ne sonne pas, cela n'empêchera pas les ouvriers de quitter l'usine à cette même heure. Parce que les choses sont ainsi, avec ou sans sirène !

Peut-on aussi parler des animaux ?

Observez-les bien. Ils ne possèdent ni montre ni objets qui mesurent le temps. Et pourtant leur vie journalière est rythmée selon l'écoulement des heures : repas, sommeil, activités diverses. Comme s'ils avaient une horloge dans le crâne ! Et ils ne trompent pas, même si les périodes diurnes et nocturnes s'allongent ou se rétrécissent selon les saisons. Ils respectent toujours les mêmes oralités parce qu'ils réagissent à des signaux internes ou externes, que nous ne comprenons peut-être pas suffisamment, sauf si nous acceptons que la nature agisse sur eux hors de toute causalité rationnelle.

Tout le monde sait que les animaux sont plus sensibles que nous aux vibrations cosmiques et aux signes que nous ne percevons pas, signes souvent précurseurs de phénomènes atmosphériques ou de séismes. Lors des migrations, d'où vient le signal qui guide les oiseaux dans leur trajet, de même que les anguilles et les saumons ? Quel signal les dirige ?

Ces signaux ne sont pas toujours aussi simples qu'un coup de sifflet !

L'attitude-signal permet de déclencher un mécanisme psychique chez celui qui possède la structure nécessaire à ce genre de contact, soit qu'il l'ait héritée accidentellement ou acquise par ascèse. Mais, dans les deux cas, il est toujours incapable d'expliquer pourquoi et comment.

Pourtant, et si nous remontons aux civilisations primitives (notamment chez les Dogons et les Bambarras) nous découvrons des perspectives inattendues avec la pensée animique qui considère les objets extérieurs, de même que les forces de la nature, comme des êtres animés.

Qu'on le veuille ou non, nous avons tous hérité de cette forme de pensée, quand nous voyons les jeunes enfants qui tout comme les primitifs se « vengent » en frappant une poupée ou un autre objet qui leur a fait mal, ou qui les a contrariés dans leur agissement.

L'homme peut-il réduire la nature à ses désirs ?

C'est de la conception animique du monde, associée à la volonté de l'homme de réduire la nature à ses désirs, qu'est née la magie. Pour faire pleuvoir, il faut demander la pluie. Pour le primitif, la pluie est un être animé connu par participation, mais il faut parler à la pluie le langage de la pluie, avec des mots et des gestes qui sont ceux de la pluie. Et la pluie tombera !

C'est ce que la science moderne, rationaliste, ne comprend pas. Si l'homme savait parler à la pluie, nous éviterions bien des périodes de sécheresse, lesquelles sont souvent dramatiques pour l'ensemble de la population.

Je ne plaisante pas, le phénomène existe et j'en ai été le témoin. Ceux qui ont vécu au Dahomey et en Côte d'Ivoire, par exemple, vous confirmeront l'étrange phénomène provoqué par les sorciers de l'endroit. Cela consiste à éloigner la pluie lorsque celle-ci devient trop abondante et menace de noyer les récoltes. Savez-vous comment cela se passe ? Très simple. On trace un large cercle autour des endroits à protéger et la pluie ne tombe pas. Elle s'abat tout autour du cercle faisant une sorte de rideau liquide mouvant, mais jamais la moindre goutte d'eau ne tombe dans les champs que l'on veut préserver !

J'ai connu, en Faculté, un jeune garçon natif de la Côte d'Ivoire dont le père assurait, en dehors de son travail habituel, le rôle de sorcier local. Il m'expliquait que lorsque le village s'inquiétait du mauvais temps qui menaçait les récoltes, son père allait lui-même réciter des invocations et tracer le cercle protecteur autour des champs à préserver. Alors peut-on nier le pouvoir de cette « science magique » qui dans ce pays remonte à la nuit des temps ?

Par contre, cette magie peut avoir des effets contraires et c'est ce qui m'a été rapporté par un de mes amis, M. Lucien Larroudai, qui travaillait à Abidjan, en Côte d'Ivoire, et qui se trouvait bien introduit dans les milieux gouvernementaux de ce pays.

Tout d'abord, il m'a parlé du jour où se sont déroulées les fêtes de l'Indépendance, en 1970. Depuis quelques jours, il pleuvait à torrents, mais voilà que ce dimanche-là la pluie a brusquement cessé de tomber et le soleil est réapparu dans un ciel magnifiquement bleu. Mon ami m'expliquait que ce phénomène était dû à l'obligeance d'un sorcier qui avait bien voulu éloigner la pluie d'Abidjan durant cette fameuse journée. Tout s'est bien déroulé, mais la pluie s'est remise à tomber de plus belle dès le lendemain matin et cela pendant plus d'une semaine !

Voici un autre exemple concernant l'été de 1972 où, à Abidjan encore, devait se dérouler une garden-party en l'honneur du président Houphouët-Boigny. Les conditions atmosphériques annonçaient un ciel bleu, sans nuage, mais voilà que vers midi, brusquement, le tonnerre se fait entendre, de gros nuages noirs apparaissent et une pluie torrentielle s'abat mettant en déroute tous les invités réunis pour le repas. On apprend alors qu'il n'est pas, ce jour-là, tombé une seule goutte d'eau à 100 kilomètres à la ronde.

À dire vrai, personne n'a jamais su qui était l'auteur de cette mauvaise plaisanterie. D'après mon ami, le ou les responsables ne pouvaient que se trouver parmi les opposants au Régime qui existaient déjà depuis l'Indépendance de la Côte d'Ivoire en 1960. Certes, en 1972 nous étions encore bien loin de la lutte armée, mais mon ami me laissait entendre que cette action était probablement due à un sorcier qui avait mis sa magie au service des ennemis du Régime.

Encore une fois la question se pose : la magie rituelle peut-elle contrôler le temps ?

Chapitre 9

Les cercles magiques

Enferme cet homme dans un cercle,
Enferme-le dans un cercle de plâtre,
Ferme la porte de clôture à droite.
Ferme la porte de clôture à gauche.
Le mauvais sort va pouvoir être conjuré,
Ainsi que tout ce qu'il apporte de mauvais.
Conjure au nom du ciel,
Conjure au nom de la Terre.

C'est ainsi que s'exprimait, en Mésopotamie, Gilgamesh, roi d'Uruk, pour commercer avec les démons. Il traçait un cercle qui représentait le pouvoir, l'évocation de la puissance, et le signe que non seulement l'homme doit mourir, mais que tout comme le Soleil, il renaîtra à nouveau de la Grande Matrice.

La très vieille époque de Gilgamesh nous révèle que ce héros babylonien avait une origine surhumaine : 2/3 de Dieu et 1/3 d'homme, si l'on en croit le fait que sa mère, la divine Nini Sun, apparentée à Isis selon certains, se serait unie à un démon incube. Ainsi, fruit de l'union d'une déesse et d'un démon mi-humain, mi-divin, Gilgamesh possédait tous les attributs de la puissance magique.

Mais déjà, bien avant lui, au premier temps de l'humanité, des peintures rupestres nous faisaient découvrir le Dieu Cornu vêtu d'une peau de bête, masqué et le front hérissé de cornes. On le représente, quelquefois, au milieu d'un cercle, tandis qu'une femme, à ses côtés, porte un couteau qui ressemble fort au couteau rituel des sorcières.

La signification magique du cercle

Pour rester dans la Tradition, disons que l'évocation précise du cercle magique apparaît au troisième millénaire avant Jésus-Christ, en Mésopotamie. Mais cette idée du cercle magique, nous la retrouvons aussi dans la tradition védique avec des cercles composés de plusieurs enceintes, la première ayant quatre portes ouvertes aux quatre points cardinaux. Trois autels y étaient installés et réunis par un trait en forme de serpent.

Office religieux ? Pratique magique ? Nul ne le sait exactement, mais il n'empêche que le brahmane de l'Inde primitive est seul à pouvoir réparer les erreurs rituelles de l'opérateur et qu'il doit intervenir lorsqu'une faute est commise.

Dans l'étude de notre lointain passé, nous remarquons encore que le cercle a toujours eu des significations magiques ;

nous le trouvons utilisé dans la construction des lieux de culte, dans la célébration des solstices d'été et d'hiver, dans la mort et la renaissance du Soleil (ou de la vie).

Imaginons la scène. Une prêtresse se tient debout derrière un chaudron qui repose sur un feu, le chaudron symbolisant la matrice et le feu la force de la vie. Les membres de l'assemblée dansent en rond portant des torches allumées. C'est la danse de la Roue (la renaissance du Soleil), autrement dit, la danse des Druides. Et souvenons-nous aussi que le druidisme est le culte du soleil, les Druides l'ayant hérité de leurs ancêtres-bâtisseurs de Stonehenge, (cet énigmatique cercle de pierres orienté au soleil, symbole de la matrice de la Grande Mère, et qui aurait été construit environ 1 800 ans avant J.-C.). Peut-être avons-nous là l'un des premiers observatoires dont l'entrée orientée au nord-est laisse supposer l'observation du lever du soleil au solstice d'été et au solstice d'hiver, sans oublier d'autres orientations qui, dans le cercle, permettent de suivre les différentes phases lunaires.

Pour la tradition magique, la danse circulaire autour d'un anneau de pierres servait d'isolement, le pouvoir étant ainsi conservé à l'intérieur du cercle. Sous cette forme, il s'agissait d'une magie sympathique pour réaliser l'abondance des récoltes, la fécondité du bétail et de la famille, tout cela accompagné d'incantations et du léger tintement de minuscules clochettes dorées, cousues sur les vêtements des femmes.

Dans cette danse, de temps à autre, les cercles se rompaient, hommes et femmes dansant à bras tendus, la tête sur les avant-bras du partenaire. Cette danse circulaire, bien que défigurée aujourd'hui, remonte à des temps immémoriaux et il est certain qu'elle provoquait des courants électriques de faible voltage, certes, mais dont les effets étaient assurément énergétiques et vivifiants.

Comme en toutes choses, l'illusion nourrit l'imagination, mais l'imagination disciplinée, contrôlée conduit inévitablement à la magie évocatrice. La représentation d'une idée fondamentale provoque toujours un mouvement par résonance, qui provoque la Manifestation de ce qui est désiré et représenté.

Formes pensées, nudité et sexualité

Ces phénomènes permettent surtout la concentration de forces développées sous forme de pensées accumulées et conservées en une énergie qui lui donne une vie propre. C'est ce qu'on appelle, aujourd'hui, les formes pensées. Mais ces phénomènes nous conduisent à un procédé magique qui ouvre aussi la voie à un genre de vie qui aide au développement des pouvoirs naturels.

Dans ces sortes de cérémonies, la nudité appartient aussi à la croyance séculaire, la nudité représentant une force qui permet à la magie d'opérer, de même que la sexualité qui a aussi une signification pour susciter pouvoir et puissance. Pour sorciers et sorcières, la sexualité est une fonction naturelle et sacrée dans la reconnaissance du potentiel de l'énergie sexuelle, attitude héritée des anciens cultes primitifs qui la célébraient parce qu'elle engendrait la vie nouvelle.

La construction magique des églises

L'idée de séparer le sacré du profane, aussi bien par un cercle que par une ligne matérielle ou fictive, a toujours été fort répandue et le lecteur sera peut-être surpris d'apprendre que ce système est encore appliqué de nos jours dans la construction des églises. Les murs constituent l'enceinte consacrée, la face intérieure étant seule vouée au respect. C'est la délimitation du territoire de Dieu, et il est à remarquer que le rituel de consécration d'une église comporte toutes les opérations magiques propres à exorciser le lieu et à l'exclusion, automatiquement, de ce qui est extérieur à l'église. À remarquer le chœur, qui constitue un autre cercle et aussi la grille de séparation qui épouse souvent la forme arrondie. Ce qui nous conduit à penser que c'est dans le tréfonds de l'inconscient individuel et collectif qu'il faut chercher l'origine magique du cercle.

Les rites sont toujours les mêmes

Malheureusement, il y a toujours l'envers de la médaille et la magie opérative trouve aussi son efficience dans la sorcellerie la plus profonde et la plus noire, dans la violence aussi. La flagellation, déjà utilisée dans les rites des Mystères grecs, et même dans ceux de l'Église chrétienne, faisait partie de l'initiation, une pratique également considérée comme un signe de pouvoir et qui permettait de supporter la douleur. Parfois, au milieu du cercle, la Grande Prêtresse était ligotée et elle devait être flagellée par un initié avec trois fois plus de coups de fouet qu'il n'en avait reçu lui-même lors de son initiation. Aujourd'hui l'épreuve est assouplie et la flagellation, dans certains milieux d'initiation, est infligée sous forme de claques.

Mais il n'empêche que les incantations restent les mêmes. D'abord la prestation du Grand Serment tel qu'elle est décrite au sujet de la consécration de l'initié au second degré :

> *« Je jure sur la matrice de ma mère et sur mon honneur, au milieu des hommes et de mes frères et sœurs de l'Art, de ne jamais révéler aucun secret de l'Art, sauf à une personne qui en sera digne, bien préparée, au centre d'un Cercle semblable à celui où je me trouve. Je jure ceci sur mon espoir de salut, mes vies passées et mon espoir de vies futures et je me voue à la destruction totale si je manque à mon serment. »*

En voici une autre, à un degré supérieur, dite au moment du repas rituel dont les principaux éléments sont les gâteaux, l'eau, le vin ou le miel. Au milieu du cercle des convives, le Maître se lève et dit :

> *« Ô toi, Diane, brille d'un bel éclat, car c'est à toi déesse (la lune) que je vais adresser à voix basse mes incantations ;*

je les adresse aussi à la sombre Hécate devant qui les chiens tremblent quand elle s'approche, venant à travers les monuments des morts. Salut, redoutable Hécate, assiste-moi totalement et rends mes enchantements aussi forts que ceux de Circée ou de Médée. »

Hécate, qui a eu sa célébration au temps des sabbats, et qui commandait à de redoutables démons, représentait véritablement la patronne des magiciens de même que Diane (la lune) – que les auteurs grecs et latins ont toujours associé à la magie malfaisante.

Le Diable, non plus, n'est pas oublié, car le cercle protège aussi, dans certaines cérémonies, une prière noire que l'on doit réciter sans la moindre faute « pour faire apparaître Satan » :

Bagabi laca bachabé
Lamac cabi achabalé
Karrelyos
Lamac lamec bachalyas
Cababagy sabalyos Baryolas
Lagos atha cabyolas
Samabac et famyolas Harrabya

On pourrait parler de naïveté pour les gens qui pensent pouvoir conclure des pactes de ce genre, et l'on aurait raison. Mais ceux qui détiennent cette prière noire s'en servent, diton, pour renforcer leurs pouvoirs dans toutes leurs actions sataniques et le cercle magique entretient cette puissance.

Nous n'apporterons, on le comprend, qu'un très mince crédit à cette invocation, mais il est quand même déconseillé de l'apprendre par cœur et de la réciter, même en soi, car les mots employés établissent un lien direct avec les forces noires dont nous connaissons les dangers qu'elles peuvent représenter. Par contre, et si nous voulons rester dans la tradition populaire, disons qu'il existe une vieille formule hébraïque qui permet d'éloigner Satan et ses démons. (Traduisez démons par « mauvais esprits »). Cette formule doit s'écrire à l'encre de Chine sur du parchemin vierge et l'on peut la porter autour du cou dans un pendentif de forme circulaire. La voici :

ABYAR, ABYAR, ABYAR, ABYAR, ABYAR,
ABYAR, ABYAR, ABYAR, ABYAR, (9 fois)
HAGA, HAGA, HAGA, HAGA, HAGA, HAGA,
HAGA, HAGA, (8 fois)
YE, YE, YE, YE, YE, YE, YE, YE, YE (9 fois)
Â, Â, Â, Â, Â, Â, Â, Â, Â, (9 fois)

Il est conseillé de réciter la formule une ou plusieurs fois par jour, dans un endroit calme et dans le plus parfait silence (pour ceux qui y croient, bien entendu).

L'homme de désir se retranche toujours dans un cercle de protection pour s'adresser aux puissances infernales :

« Je te conjure, Satan, Belzébuth, Baran, Léviathan, à vous tous, êtres formidables, êtres d'iniquité de confusion et d'abomination, à vous tous grands et puissants Démons des quatre Régions d'Enfer. Je te commande Satan, par

les Quatre Puissances Divines Vabaham 10, Vakiel 10, Diamel 10, Araï 10 et par celle des Quatre Chefs Spirituels Divins Régionnaires, Diaphas 8, Diamaïn 7, Memmaïaï 3, Héli 4. »

Ces précautions ne s'avéraient pas négligeables puisqu'il arriva que le Seigneur Bacon de la Chevalerie, fût un jour terrassé par une force satanique à laquelle il n'échappa qu'en se réfugiant dans un cercle de protection. On ne saura jamais si ce récit appartient à l'imagination ou s'il rapporte un fait authentique, peut-être, mais assurément très exagéré.

Cette considération mise à part, n'oublions pas que l'étude du cercle magique reste étroitement liée à celle de la nécromancie, la nécromancie étant une méthode qui permet de faire « revenir les morts ». Ceux-ci doivent répondre aux questions que pose le nécroman et disparaître quand il les renvoie.

Parmi les nécromans les plus réputés, on cite le célèbre magicien Edward Kelly et le docteur John Dee, lequel nous a laissé ses fameuses « Mémoires ». Des apparitions sont signalées et parmi leurs expériences nécromantiques ils nous révèlent celle d'une morte qui, hors du cercle magique, se tient debout et rigide dans son blanc suaire. Sur le cercle, les deux hommes ont tracé les noms de Raphaël, Raël, Miraton, Taris et Rex, ce qui nous montre, une fois de plus, que les saints de la Magie Blanche peuvent aussi servir à la sorcellerie la plus noire.

« Exurgent, mortui et ad une véniunt » (Que les morts viennent à moi !) ou encore *« Ego sum, Te, Peto et Videre queo. »* Ce sont les mots prononcés pour appeler les morts, comme l'affirme le docteur John Dee. Pour faire disparaître le spectre, on lui dira simplement : *« Retourne au royaume des Élus. Je suis heureux qui tu y sois. »* Une recommandation s'ajoute : *« N'oubliez pas le plus petit détail des cérémonies prescrites, sinon vous risqueriez de devenir vous-même la proie de toutes les puissances de l'enfer ! »*

Les cercles de conjuration

Pour les cercles de conjuration, de conception anthropomorphique, que le mage trace avec sa baguette, disons que cette pratique est toujours accompagnée d'un rite incantatoire qui a pour but la protection de l'opérateur. Autre précaution encore : dès que le magicien entre dans le cercle, il faut qu'il le referme très soigneusement sous peine de courir lui-même un grave danger.

Évoquer les puissances invisibles peut présenter quelques risques et la prudence la plus élémentaire demande de créer des moyens de protection contre les agressions imprévues déclenchées par l'officiant. Pour cela on trace un cercle dessiné avec de la farine, une farine qui, venue du grain, symbolise la vie et sa toute-puissance. Mais l'on peut aussi tracer un cercle à l'aide d'une baguette de cèdre au pouvoir imputrescible. Habituellement, on dessine un second cercle autour du premier à l'intérieur duquel sont placés divers objets susceptibles de terrifier les démons : coupe d'eau bénite, noms magiques, croix et autres symboles de ce genre. Mais il convient aussi de mettre, en dehors du cercle de protection, quelques cadeaux adéquats, comme du plomb, du bois de chêne, une carapace de tortue et de faire brûler du benjoin dont pourra se satisfaire le démon invoqué.

Quelle explication apporter à ce phénomène ?

Si on hésite quelquefois à prendre position au sujet de l'efficacité des cercles magiques, les sciences occultes nous mettent toutefois en garde au sujet de l'évocation de forces et d'entités « surnaturelles », tout en mettant l'accent sur les précautions à prendre. Mieux encore : elles nous les déconseillent catégoriquement !

D'autre part, vouloir donner une définition exacte de ce phénomène est pratiquement impossible dans le chapitre que nous lui consacrons ici, surtout s'il s'agit de faire une distinction entre réalité objective et réalité subjective. Contentons-nous simplement de poser la question : les entités qui apparaissent dans cette magie, sont-elles des projections du subconscient de l'officiant, ou s'agit-il d'une sorcellerie cérémonielle qui nous mettrait en présence d'entités non physiques, mais ayant leur propre réalité dans le monde invisible ? Difficile de trancher, on le comprend.

Quoi qu'il en soit, l'utilisation des cercles magiques n'est pas toujours empruntée à la Magie Noire. On y attache aussi de bonnes intentions : vœux de bonheur, santé, amour, souhaits divers, et cela, selon le principe qu'une pensée rigoureusement maintenue aboutit toujours à sa « création ». La vérité, à mon avis, c'est que ce phénomène peut aussi aider à concentrer les forces qui nous permettent d'atteindre un but noble et généreux. Simplement une question de syntonie, de concentration et de foi, dans un certain état de conscience. Nous en avons parlé.

Alors, comment cela se passe-t-il ?

S'il s'agit d'interpeller un esprit ou d'établir un contact avec les forces invisibles – opération toujours très dangereuse –, la personne qui désirerait tenter l'expérience doit d'abord se souvenir qu'une telle pratique nécessite un certain niveau de conscience, une culture appropriée au maniement des complexités de ce domaine et aussi l'entière maîtrise de soi devant les dangers que ces opérations peuvent quelquefois représenter.

Indiquons que la magie traditionnelle utilise, le plus souvent, un triple cercle mesurant chacun six pouces de moins que celui qui l'entoure. À l'intérieur du plus petit seront placées des braises incandescentes et une table servant d'autel sur laquelle sera disposé un arrosoir de cuivre contenant une eau pure dans laquelle on aura jeté du sel et où auront macéré, pendant trois jours, neuf herbes sacrées (le lecteur pourra les découvrir dans le chapitre réservé aux herbes magiques). On fera aussi appel à un encensoir, un pentacle, un burin, une épée et un couteau à manche blanc. Tous ces objets nettoyés et encensés seront enveloppés dans du linge blanc immaculé, tandis que des cierges blancs seront allumés autour du cercle extérieur.

On commence alors par réciter trois psaumes et l'on adresse des suppliques aux esprits gardiens afin qu'ils assurent la protection des cercles. Des incantations sont prononcées alors qu'un triangle est dessiné en dehors du grand cercle, car c'est à cet endroit, qu'en principe, doit se manifester l'apparition de l'esprit invoqué. Ne pas oublier que dans la tradition magique, le triangle permet le contrôle de ce qu'on invoque.

L'officiant doit répéter certains mots, inlassablement, des menaces, des ordres, par exemple :

« Par le terrible jour du jugement, par la Mer de verre qui est devant le visage de la Divine Majesté, par les quatre bêtes devant le trône qui ont des yeux devant et derrière la tête, par le sceau de Basdathée, par le nom de Primematum que Moïse prononça quand la terre s'ouvrit, Satan, réponds à toutes mes demandes et fais tout ce que je désire. »

Ceux qui croient en ce rituel ne doivent l'utiliser qu'avec d'infinies précautions. D'après Jean Wier, malgré un ouvrage publié en 1563 dans lequel il dit que la maladie mentale joue un grand rôle dans certaines affaires de sorcellerie, il y aurait un danger de mort pour ces opérants, car ils seraient en présence de la sorcellerie la plus redoutable.

Comment tracer un cercle magique ?

Voici une autre méthode que l'on dit aussi efficace, mais qui a l'avantage d'être plus simple. Vous tracez un cercle dans votre jardin ou dans une dépendance de votre maison, à l'abri de tous bruits extérieurs, avec une craie blanche. Cela fait, vous inscrivez à l'intérieur, un triangle dont les trois côtés toucheront le bord du cercle. Hors du triangle, vous posez, à droite et à gauche, deux cierges blancs. Vous tracez ensuite trois petits cercles à l'intérieur de cette figure, à sa base même, et hors du triangle encore, les trois lettres J.H.S. encadrées par deux petites croix, cela afin que les esprits mauvais ne puissent vous faire aucun mal.

Auparavant vous devez, avec un couteau neuf qui n'a jamais servi, avoir coupé une baguette de noisetier sauvage qui vous servira de « verge foudroyante ». C'est avec cette baguette en main que vous appellerez l'esprit avec espérance et fermeté. Vous pouvez lui demander tout ce que vous voudrez, mais n'oubliez pas que c'est lui qui décidera de l'importance à donner.

À ce sujet les avis sont partagés. Il y a ceux qui prétendent que dans ces actions dénuées de sens, les mots employés, seraient la transcription très dénaturée de quelques-uns des soixante-douze noms divins dont la kabbale hébraïque enseigne la valeur et la puissance ; d'autres déclarent n'avoir jamais été témoins d'apparitions d'esprits, mais reconnaissent avoir ressenti des souffles d'air froids ou chauds devant eux (ce qui est souvent le cas lorsqu'on fait appel aux « forces noires ») ; d'autres enfin que ces invocations s'adressent à des gens simples et naïfs qui pensent conclure des pactes avec les esprits infernaux. Alors, où est la vérité ?

Bien entendu, si nous ne disposons d'aucune force qui nous permette de maîtriser les phénomènes dits surnaturels, et c'est l'idée qui nous vient immédiatement à l'esprit, il est évident que la question n'a aucun sens. Mais si nous ouvrons les « livres interdits », si nous nous pénétrons de leurs enseignements, nous découvrons toutes les articulations d'une science cachée dont certains aspects ressortissent directement de la Magie noire et de la sorcellerie. Et c'est là le danger.

L'enfant prisonnier du cercle !

Souvenons-nous du cas du jeune Werner Hobman, tel qu'il nous fut présenté par la presse allemande du 11 février 1996 et dont la T.V. française s'en est fait plusieurs l'écho. On nous a parlé, en effet, de ce jeune garçon qui, à l'âge de 8 ans, s'intéressait déjà de très près aux phénomènes paranormaux. Un jour, dans son jardin, il trace un cercle autour de lui, inscrit à l'intérieur les formules kabbalistiques indiquées sur le livre qu'il tient en main, et prononce selon le rituel, des incantations à l'adresse des forces noires qu'il vient d'invoquer.

Résultat ? Le gamin est bel et bien prisonnier de son cercle et tous ses efforts pour en sortir restent vains. On appelle un prêtre exorciseur et un démonologue, qui pourtant instruits de la question, n'arriveront à inverser les forces déclenchées qu'au bout de 12 heures et au prix d'un effort soutenu.

Ce qui conduit à reconnaître que les cercles magiques n'assurent pas toujours la protection de ceux qui les utilisent et qu'ils peuvent aussi se retourner contre leurs créateurs.

Comme on le voit, il semble plus sage de ne pas s'immiscer dans ces pratiques surtout si l'on n'est pas très sûr du terrain sur lequel on s'engage. C'est, en tout cas, le conseil que je renouvelle à ceux qui tenteraient l'expérience évocatrice qui est l'une des racines les plus dangereuses de la magie rituelle et opérative.

Chapitre 10

Pantacles, talismans, charmes, fétiches et grigris

C'est tout d'abord la forme qui est à considérer.

En bien des domaines, la forme, on le sait, est très importante. La forme aérodynamique, par exemple, permet de vaincre la résistance à l'avancement. Les objets pointus et les objets ronds ont aussi leur importance. Ne portez jamais des objets pointus sur vous : épingle, aiguille, clou, ces objets « attirent » surtout les mauvaises ondes. Portez plutôt des objets ronds : bague ou médaille, les mauvaises ondes, et Dieu sait s'il y en a autour de nous, glisseront sur eux et ne vous atteindront pas.

Sur le plan expérimental, on s'est aperçu que les formes cubiques parallélépipédiques, sphériques ou pyramidales, engendrent, par elles-mêmes, des émissions spécifiques, comme cela a été signalé par Chaumery et Belizal dans un Traité de Radiesthésie[2].

---

2. L.CHAUMERY, A. DE BÉLIZAL, *Essai de radiesthésie vibratoire*, Dervy, 2013.

Nous rejoignons ici la science des ondes de forme, c'est-à-dire la radionique, dont il a été question plus haut. Certaines de ces ondes pouvant être dangereuses si l'on essaie d'associer ces volumes à d'autres procédés, comme la couleur, par exemple. Ce fut l'idée de Belizal qui enduisit, un jour, sa pyramide expérimentale de la couleur verte. Il avait, hélas, mal choisi son vert, car dans la gamme des verts il était tombé sur celui dont les vibrations étaient des plus dangereuses. Résultat : il paya de sa vie son erreur scientifique.

Comprenons bien. Toutes les formes produisent des ondes plus ou moins puissantes. Même si elles ne sont chargées d'une quelconque intention, elles diffusent quand même ce rayonnement. Non chargées, elles sont neutres, ce qui n'empêche pas que nous en subissons l'influence et que le fait d'être trop longtemps exposé à ces rayonnements peut entraîner de graves conséquences.

Le tort de Bélizal, c'est d'être resté trop longtemps en contact avec sa pyramide verte.

Tout cela pour dire que l'utilisation de la radionique est à manipuler avec beaucoup de précautions. D'un autre côté encore, telle forme tracée sur papier donne à un sujet extrêmement sensible, l'impression spécifique différente de celle que donne, dans les mêmes conditions une toute autre figure. Alors, la question se pose sur la vertu fluidique spécifique des formes et le rapport que l'on peut établir entre celles-ci et la vertu magique utilisée dans le pantacle.

Ce rapport, nous ne le connaissons pas avec certitude, pas plus que la médecine est encore loin de connaître en quoi réside la vertu dormitive de l'opium, un physicien la nature même de l'électricité ou encore celle du magnétisme. Mais il est des questions qui ne résistent pas à l'examen scientifique, même si l'explication nous échappe.

Une bague dangereuse

Il peut exister des objets porte-malheur. Notre passé est, en effet, rempli d'histoires de ce genre, même si elles sont difficiles à admettre d'un point de vue positif.

À ce propos, une histoire m'a été contée : celle d'une dame qui avait reçu en cadeau une bague venant d'un sorcier lapon et exécutée dans le plus pur style lapon. Au cours d'une réunion, cette bague fut soumise à un psychomètre qui, immédiatement, la laissa tomber à terre dans un sursaut de recul. « Débarrassez-vous tout de suite de cet objet, dit-il à la dame. Cet objet est dangereux, c'est un objet d'envoûtement, débarrassez-vous en tout de suite… tout de suite. »

La suite ? Peu crédule, mais choquée tout de même par ce qu'elle venait d'entendre, la dame, de retour chez elle, ôta la bague de son doigt et la rangea dans un coffret, et ce coffret, parmi quelques menus objets, contenait la photographie de son mari. Ce dernier connut, avant de mourir les pires catastrophes qui puissent arriver à un être humain !

Les anneaux magiques

Les anneaux ont toujours eu une signification talismanique, une croyance qui existe encore chez bien des peuplades, avec la boucle d'oreille qui a toujours eu un sens magique. Certains bijoux, sortant des mains d'un sorcier, peuvent impartir à leur porteur certains pouvoirs surnaturels.

Le roi Salomon, déjà cité, portait, selon les légendes islamiques, un anneau précieux d'une valeur fabuleuse qui lui donnait le pouvoir de commander aux génies, aux démons et à la nature. Son chaton brillant lui faisait voir tout ce qu'il désirait connaître. Selon la légende encore, il est dit que cet anneau se trouverait dans la tombe inconnue de ce roi, et que celui qui le découvrira un jour sera maître du monde.

Traditionnellement, de tous les bijoux, de tous les trésors, l'anneau serait celui qui aurait la plus grande puissance magique .

Même légende (mais s'agit-il encore d'une légende ?) concernant l'anneau fabuleux que Charlemagne porta vers la fin de sa vie. L'Histoire secrète rapporte qu'il devint amoureux d'une jeune allemande au point d'en négliger les affaires d'État, et les siennes propres. Cette femme mourut et l'empereur continua d'aimer son cadavre dont il ne voulait pas se défaire. L'archevêque Turpin, profitant, un jour, de l'absence de Charlemagne, entra dans la chambre et après avoir examiné le corps découvrit dans la bouche un anneau qu'il s'empressa d'emporter.

Il est dit que le cadavre entra immédiatement en putréfaction et que Charlemagne, de retour au palais, ne trouva dans le lit qu'un squelette rabougri à l'odeur épouvantable. Une chose étrange se produisit alors. Reprenant conscience, Charlemagne oublia le cadavre, mais sa passion se reporta vers l'archevêque Turpin devenu possesseur de l'anneau. Il le suivait dans le palais, comme son ombre, il ne jurait que par lui, à tel point que l'archevêque décida un jour de jeter l'anneau dans un lac. Mais la légende dit aussi que Charlemagne, dès lors, devint amoureux du lac. Il fit bâtir un palais tout près de lui et c'est ainsi qu'il fonda la ville d'Aix-la-Chapelle, où il fut d'ailleurs enseveli.

Légendes ?

Toutes les légendes doivent être prises avec des pincettes, même s'il nous est dit que l'archéologue Howard Carter, à qui nous devons, en Égypte, la découverte du tombeau de Toutankhamon, en 1922, a échappé à la célèbre « malédiction des pharaons », grâce au port d'une bague trouvée à Assouan dans la tombe d'un prêtre nommé Jua, et rapportée, vers 1860, par le marquis d'Agrain, autre égyptologue réputé. Cette bague étant couverte de figures géométriques : trois droites, six pointes, et deux triangles isocèles. Appelée aujourd'hui, « bague de Ré », elle aurait été fabriquée par les Atlantes dont les anciens

Égyptiens auraient été les héritiers. De même encore la célèbre bague de Gengis Khan comportant le légendaire rubis gravé d'une croix gammée que lui et son petit-fils, Kubilaï Khan, portèrent constamment à l'index droit. Un signe que beaucoup d'historiens font remonter au continent Hyperboréen, depuis longtemps disparu, un signe gravé sur d'anciens monuments indiens et qui était bénéfique d'après le Maabaraata et le Ramayana (deux textes sacrés de l'Inde antique) du fait que les branches étaient tournées vers la droite. C'était le svastika dextrogyre. Mais n'oublions pas que Hitler, ayant eu connaissance de la magie des Mongols, a utilisé le signe en changeant tout simplement la direction des branches. En les plaçant à gauche, il en a fait le svastika sinistrogyre. Ce svastika inversé, devenu maléfique, se serait alors retourné contre lui ! La fameuse bague de Gengis Khan a disparu. Dans ce coin de l'Asie beaucoup d'hommes politiques la cherchent encore.

Qu'est-ce qu'un talisman ?

Le talisman (du mot arabe Tilsam) est un objet destiné à protéger celui qui le possède et même de lui conférer certains pouvoirs. Il peut emprunter toutes sortes de formes : bijou gravé, gemme, herbe séchée parchemin couvert de formules ou d'idéogrammes et aussi toutes sortes de formes parmi les plus courantes. Les sorciers de bas étage, dans leur vilenie, n'allaient-ils pas jusqu'à vendre de supposés clous détachés du gibet, des os prélevés sur les cadavres des suppliciés, des fioles de sang humain, des yeux de belettes cousus dans des sachets et des trèfles à quatre feuilles cueillies à minuit, ces supercheries voisinant avec les médailles et scapulaires qui sont, eux aussi, de pieux objets tutélaires !

L'art du talisman s'enrichit toutefois de certains éléments de la Kabbale et résulte d'une spéculation intellectuelle et d'une forme magique, c'est dire que ce moyen d'action est volontairement dirigé sur un but défini et précis. Il n'est valable que dans ce but puisqu'il requiert une connaissance des analogies et de leurs correspondances magiques ou autres, ce qui le différencie de l'amulette, par exemple, en ce sens que celle-ci n'a que des vertus préservatrices, alors que le talisman confère, à la personne qui le possède, des pouvoirs supérieurs aux autres hommes. Le « carré magique » est aussi un talisman composé de nombres disposés en carré et choisis d'une telle façon que leur somme dans chacune des lignes horizontales et, verticales, donnent toujours la même somme. Ajoutons qu'on attribue un carré magique particulier à chaque planète. Parmi les plus connus, on peut citer le talisman ayant appartenu à Catherine de Médicis et qui nous est détaillé sur une feuille volante déposée à la Bibliothèque Nationale. Il a été réalisé par sieur Régnier, un mathématicien magicien qui jouissait de l'entière confiance de la reine. Ce talisman, dont la vertu était pour gouverner souverainement et connaître l'avenir, était composé *« de sang humain, de sang de bouc, et de plusieurs métaux fondus en-*

semble sous quelques constellations particulières qui avaient rapport à la nativité de cette princesse », selon le libellé d'Henri Estienne dans son *Discours merveilleux de la vie, actions et déportements de Catherine de Médicis.*

Qu'est-ce qu'un pantacle ?

Le pantacle, dans les actions magiques qui ont été présentées, joue un rôle de condensateur orienté. Il ne crée pas de force nouvelle, mais oriente celui qui le possède, selon des lignes de force en tant que support matériel d'un psychisme solidement organisé. Les vertus magiques du pantacle sont bénéfiques lorsque ce dernier, nullement « chargé », utilise les vertus naturelles des plantes et autres éléments et qu'il reconstitue le matériel permettant d'utiliser ces vertus naturelles (cela pouvant aussi s'appliquer aux amulettes et aux talismans).

Le pantacle, selon les astrologues est un outil d'action axé sur le macrocosme. Il nous est donné comme un élément fluidique selon un art complexe qui tient à la fois de la valeur symbolique et magique des chiffres et des mots qu'on y inscrit, de la valeur magique, de sa forme et des dessins qui le composent, du moment où il a été réalisé et enfin de l'état des harmonies fluidiques réunies au moment de sa préparation par celui qui l'a créé. Le meilleur exemple que nous puissions donner est le Grand Pectoral que l'on trouve sur les momies égyptiennes et que portait aussi le Grand Prêtre des Hébreux. La description de ce pantacle est si minutieusement donnée dans la Bible pour que nous en supposions l'importance de chaque détail. La Bible nous parle aussi des Phylactères qui sont des rouleaux de parchemin contenant diverses inscriptions et que l'on suspendait à un montant de la porte d'entrée de la maison (Exode XIII, 1-10, 11-16. Deutéronome VI, 4-9. Deutéronome XI, 13-21). Le pantacle se retrouve dans diverses protections. C'est le Yantram des Hindous, une figure dans laquelle on insère un mantram ; c'est aussi le Kavac, une formule à valeur magique, ésotérique et protectrice.

En Chine c'est le Pa-Koï, élément de la symbolique chinoise traditionnelle, très complexe et difficile à résumer. C'est un trigramme symbolique. Chez les peuples de l'antiquité, c'était le Palladium, une petite statuette douée de vertus protectrices magiques. Le Palladium de Troyes était célèbre, celui de Jérusalem également. Citons encore les clous magiques, les lames talismaniques, les anneaux magiques, etc. Il n'est malheureusement pas possible dans ce chapitre de consacrer de longs développements à cette question et encore moins à l'efficacité de ce matériel magique. Une voyance, toutefois, qui s'est conservée jusqu'à nos jours.

Fétiches, amulettes et grigris

Pour les grigris des populations primitives, qui sont des figurations sculptées du protecteur de la tribu, nous pouvons encore appliquer le même raisonnement. On les porte suspendus au cou, au poignet ou sur un vêtement.

On les désigne également sous les noms d'amulette et de fétiche, fétiche venant, pour certains, du mot portugais *faticéira* (sorcière) et pour d'autres, de *fatum*, pris au sens de « sort ». On pourra sourire à l'évocation de ces objets magiques. Quelqu'un dira : « c'était bon pour les primitifs, aujourd'hui nous avons évolué ». Mais ce quelqu'un appartient peut-être à ces automobilistes d'aujourd'hui qui portent sur leur tableau de bord une patte de lapin ou une effigie de Saint Christophe !

Comme on le voit, la magie talismanique et le fétichisme font encore partie de notre siècle.

Le charme et ses diverses applications

Le charme, qui est un autre moyen d'intervention magique, est basé sur le même principe que ce qui vient d'être évoqué. Les grimoires renferment un grand nombre de secrets dont les principaux ont un caractère général : charme météorologique d'évocation, de possession, de la parole, de potions, d'onguents, et de philtres. Mais il y en a une infinité d'autres pouvant s'appliquer à toutes sortes de cas personnels : le charme qui consiste à rendre quelqu'un malade en perçant d'aiguilles un crucifix le Vendredi Saint, d'autres pour tuer un fœtus, tarir le lait, gagner au jeu, éteindre le feu, égarer une personne ou pour savoir si une fille est chaste ou pas. Ce livre ne suffirait pas s'il fallait les énumérer tous. Évidemment, me dira-t-on, il n'y a que la foi qui sauve. Mais si on examine bien la question, on se rend compte que tous ces procédés, plus ou moins, ressortissent au magnétisme, à la suggestion et à certains principes de l'hyper physique, procédés souvent mis en œuvre avec maladresse par des personnes ignorant tout de ces phénomènes et qui n'agissent que dans des buts hautement lucratifs, comme ces fameux « marabouts » qui, de nos jours, envahissent le marché de la voyance et de la magie opératrice.

Voici un exemple qui m'a été donné au sujet d'un mari évincé et désireux de mettre un terme aux coupables relations que sa femme entretenait avec un rival. Il lui fut conseillé d'aller, un samedi matin, écrire avec la pointe d'un canif neuf, et derrière la porte de la chambre où se réunissaient les deux amants, le mot « Consumatum », puis de couper la pointe du canif dans l'embrasure de la porte. Que croyez-vous qu'il arriva? Très simple. Les deux amants continuèrent à se voir jusqu'au jour où le mari, excédé, fit irruption dans la chambre en compagnie d'un homme de loi qui constata l'adultère ! Le procédé est connu depuis des siècles. Personnellement, je ne crois pas tellement en son efficacité, mais je pense aussi qu'il ne faut pas nier en bloc les incantations et leur portée possible, ce qui serait un jugement un peu trop sommaire, car de nombreux méfaits de sorcellerie sur ce terrain, nous montrent que dans ces pratiques occultes, il n'y a pas que de l'imagination ou de la superstition. Mais il faut aussi tenir compte que beaucoup de sciences hermétiques, à force de passer d'une personne à l'autre, et de bouche-à-bouche, se sont défigurées, dénaturées et corrompues avec le temps.

Les soi-disant sorciers actuels qui pensent posséder l'un de ces « secrets », ne possèdent en réalité, qu'un « résidu » d'une pratique ancestrale qui leur échappe. Peut-être l'action présentée plus haut, était-elle, autrefois, accompagnée d'une incantation ou d'une autre magie appropriée à ce genre de chose, une pratique qui, aujourd'hui, nous échappe complètement. C'est possible. En nous, il est certain qu'il existe des magies pour intervenir, d'une façon comme d'une autre, dans des situations de ce genre. Et cela encore est vieux comme le monde. Cette croyance était des plus répandues en Égypte pharaonique. Dans le Lévitique, Moïse en interdit l'usage ce qui n'empêche pas Homère de chanter la puissance de la magicienne Circé dispensatrice de charmes mortels, alors qu'Ovide et Tibulle mettent en garde contre de tels maléfices. Le roi Salomon, dont il est souvent question dans cet ouvrage, avait déjà, quant à lui, établi à son époque un rituel accordé au Psaume 137, et utilisé pour rendre amoureux un homme et une femme. J'en résume le rite qui doit être exécuté à l'aube du vendredi qui suit la nouvelle lune. On utilise de l'huile de lys blanc que l'on verse dans un petit récipient de cristal, on récite le psaume et l'on invoque l'ange Hamiel ou Anaël, qui est l'esprit planétaire de Vénus. On doit ensuite graver le nom de l'ange sur un morceau de cyprès que l'on fera tremper dans l'huile de lys. On s'en frotte les sourcils, après quoi, dernière opération, on prend le morceau de cyprès et on l'attache au bras droit à même la peau. C'est le moment. Quand l'occasion se présentera, vous toucherez la main droite de la personne dont vous êtes amoureux. L'amour s'éveillera en elle et vous aurez conquis son cœur. Tout cela nous paraît bien compliqué et je doute qu'un amoureux, même le plus enflammé, puisse entreprendre une telle opération. Quant au résultat, il me paraît bien douteux. Mais je n'empêche personne de tenter l'expérience. Par contre, il existe aujourd'hui des procédés bien plus simples et à la portée de tous. J'en cite deux : le premier conseille de se laver abondamment les mains et les bras pour permettre aux pores de la peau de bien s'ouvrir. Ensuite vous frottez vos mains et vos bras dans le même sens avec une lotion que n'importe quel pharmacien pourra vous préparer : 20 grammes d'essence de girofle, 10 grammes d'essence de géranium et 200 grammes d'alcool à 95°. Ce procédé, nous dit-on, facilite l'attirance. Après tout, cela ne coûte pas cher et demande à être essayé. Le deuxième procédé est encore plus simple : c'est de se frotter les mains avec du jus de verveine et toucher ensuite celui ou celle qu'on voudra amouracher. Les personnes qui ont bien voulu se prêter à ce petit exercice prétendent avoir obtenu de bons résultats, la verveine étant, on le sait, une plante magique par excellence. Alors, une fois encore, pourquoi ne pas essayer ?

Chapitre 11

La magie des plantes

Les plantes peuvent être bénéfiques ou dangereuses. Depuis sa création, nous venons de la voir, l'homme a toujours cherché à obtenir des effets surnaturels à l'aide de nombreux procédés de magie ou de sorcellerie, mais il n'a pas négligé pour autant l'utilisation des plantes, des racines, des feuilles, des baies ou des fleurs tant sur le plan thérapeutique que magique. Par leur composition, les plantes, comme tout ce qui existe sur terre, sont en vibrations et c'est par la portée, la nature, l'intensité de ces vibrations que nous subissons leur influence en bien ou en mal. C'est aussi notre façon de les utiliser qui les rend bénéfiques ou maléfiques.

C'est ainsi qu'au Moyen-Âge, et si nous nous reportons aux grimoires et autres documents de cette époque, on présentait les sorcières comme des femmes connaissant les secrets de la nature des plantes. Elles pouvaient aussi bien guérir qu'apporter la mort. Certains de leurs philtres étaient même redoutables, telle cette potion à base de mandragore, d'ailleurs fort connue à cette époque. La mandragore, ayant par analogie une certaine ressemblance avec le corps humain, laissait à penser, aux sorciers de ce temps, qu'elle était l'œuvre du diable, celui-ci cherchant à créer une ébauche d'être humain. On pouvait donc utiliser la plante dans ses propriétés mêmes.

Le Grand Albert (voir chapitre réservé aux grimoires) nous présente la mandragore comme un anesthésique et un aphrodisiaque, mais c'est surtout un hallucinogène dangereux qui peut entraîner la mort. Les analyses de laboratoire ayant révélé des principes actifs très nocifs, la médecine actuelle a dû rejeter ce « médicament » à cause de sa dangerosité, sauf peut-être l'homéopathie qui l'utilise à des doses infinitésimales. Pourtant, et si l'on en croit les vieux écrits, broyée avec de l'huile rosat et du vin, cette plante guérissait les inflammations et les douleurs des yeux. À la fois bénéfique et maléfique la mandragore était au Moyen-Âge une plante qui fallait déjà manier avec précaution, même si certains la portaient sur eux comme un talisman pouvant leur assurer chance et prospérité. Ce qui n'empêchait pas d'appliquer le vieux conseil de Théophraste : *« Que ceux qui cueillent la mandragore prennent garde de n'avoir le vent en face. Ils décrivent trois cercles autour d'elle, avec une épée, puis l'enlèvent de terre en se détournant côté couchant. »*

La laitue, plante très connue depuis l'antiquité, et qui pousse à l'état sauvage, est, sous une autre forme, à peu près dans le même cas. Elle est bénéfique par son caractère hypnotique léger que beaucoup utilisent pour combattre l'insomnie, alors que prise le soir elle peut aussi, comme l'avait déjà indiqué Pythagore, tuer l'amour. Déconseillée donc, avant les relations sexuelles ! À un degré supérieur, il est vrai, l'opium, extrait du pavot est, bien entendu, utilisé par la médecine grâce aux alcaloïdes qu'il contient, comme la morphine et la papavérine, en tant que calmant de la douleur et somnifère analgésique. Mais une drogue aussi qui, à « l'état de besoin », conduit le consommateur à la déchéance physique et intellectuelle. Le chanvre joue lui aussi un rôle très important dans notre société. Cette plante, de la famille des cannabinacées, a des applications agro-industrielles qui développent sa vertu thérapeutique, d'ailleurs reconnue par le monde scientifique. Mais l'on connaît aussi les préparations que l'on obtient comme le hachisch, mâché ou fumé, et le cannabis qui, malgré les campagnes de préventions agressives et ciblées, se présente comme une drogue dangereuse malheureusement en pleine expansion. Doit-on le dire ? Il faut aussi reconnaître que ces campagnes ne sont pas tellement acceptées par la majorité de l'*establishment*, des médias et même de la population et le pire c'est le combat occulte mené par l'O.N.U. et certains gouvernements (il est préférable que je n'en cite aucun et le lecteur comprendra), pour maintenir le marché mondial de la drogue, marché évidemment soutenu par de nombreuses officines officielles et occultes. On peut parallèlement à cela citer l'exemple du tabac dont la vente en 2006 a augmenté de 2,8 malgré les soi-disant réglementations que l'on déclare vouloir appliquer à ce fléau. Une nouvelle drogue a fait son apparition aussi dangereuse que l'héroïne, c'est le shunk, un nom sous lequel se cachent des plantes maléfiques, diaboliques, pour conserver les termes employés dans cet ouvrage au sujet des magies dangereuses. Une nouvelle toxicomanie aux psychoses diverses. Certains la rendent responsable d'une volte-face du Parlement suisse, du durcissement français ou italien, de fantasmes de la politique anglaise, canadienne et hollandaise. N'en n'ajoutons pas, le sujet est trop dangereux pour être débattu dans un ouvrage comme celui-ci, je le laisse simplement à la pensée de mon lecteur. Disons simplement que nous avons là un très bel exemple de Magie Noire à l'époque moderne.

Les philtres d'amour

Il en existe de nombreux à partir de plantes dont on connaît les diverses propriétés. Si l'on croit à leur efficacité, il faut tout d'abord tenir compte de la position de Vénus dans le ciel et éviter les mauvaises conjonctions planétaires. Un guide astrologique vous renseignera à ce sujet. Des plantes, comme la cynoglosse (ou langue-de-chien) doivent, de préférence, être cueillies en mai. La verveine, herbe sacrée chez les anciens peuples, pourra être récoltée en septembre. Elle possède toutes les influences de Vénus. Utilisée en parfum, cette plante est un parfait philtre d'amour et aussi un ingrédient important dans tous les enchantements.

C'est au mois de mars que le narcisse doit être cueilli, car c'est l'époque de l'année où il développe avec puissance toutes ses propriétés. Il apporte amitié et affection. Séché, mis dans de la soie, il guérit les troubles nerveux et les états convulsifs.

La majeure partie des philtres appartiennent à la famille des plantes que les magistes qualifient de sacrées, comme le lys, l'hysope, le fenouil, la menthe sauvage, la marjolaine, le thym. Ces plantes ne doivent pas être traitées dans un liquide quelconque ; comme support, on emploie surtout l'eau lustrale dont les sorciers doivent connaître la composition. Cette eau doit être recueillie dans une fontaine de marbre blanc ayant été soumis à de minutieuses manipulations et conservée dans des flacons de cristal. Cette eau utilisée dans la fabrication des philtres sera traitée de la même manière que l'eau dite bénite. Certains sorciers ne disposant pas d'une vasque de marbre blanc, affirment se servir tout simplement d'eau de pluie dans laquelle on a fait macérer, treize jours durant, avec les résidus d'un cœur de palombe brûlé, les plantes sacrées nécessaires à l'opération. D'autres encore préfèrent ajouter à l'eau de pluie, de l'eau d'ail et de pomme d'amour ou de l'eau de pois chiches avec de la sève de coudrier ! Difficile à juger, mais restons dans la tradition.

En principe, toutes les plantes dont je viens de parler doivent être enfermées dans de la soie. Avant de les utiliser, vous devez les porter sur vous afin de les charger de vos ondes positives. Celles qui sont indiquées plus loin, et si l'on veut utiliser leur pouvoir, doivent impérativement être cueillies trois ou quatre jours avant la pleine lune, de préférence un vendredi (à l'état végétatif normal et non au stade du bourgeon). Une fois placées dans de la soie et dans un endroit sec, on pourra commencer à magnétiser ces plantes et à en préparer des potions. N'oubliez pas non plus que cette action devra être achevée avant la nouvelle lune.

Concernant les plantes solsticiales, voici celles qui doivent être cueillies à la Saint Jean : l'armoise, la bardane, la camomille, le chiendent, le lierre terrestre, le lycopode, le mille-pertuis, l'orchis, la samole et la verveine.

Voici maintenant le tableau des seize plantes sacrées (la tradition chaldéenne en comptait 22, mais, de nos jours encore, cette liste n'a jamais pu être établie avec certitude), tel qu'il est présenté dans de vieux traités de magie populaire.

NOM	HERBE DE
Héliotrope	la sincérité
Lis	la manifestation
Ortie	la bravoure
Gui	du salut
Virgo Pastoris	la fécondité
Centorée	des enchantements
Chélidoine	du triomphe
Sauge	la vie
Pervenche	la fidélité

Verveine	l'amour
Cataire	la vitalité
Mélisse	la confortation
Laugue de chien	la sympathie
Rose	l'initiation
Jusquiane	la mort
Serpentaire	des fluides

La grande question

Comment les hommes ont-ils pu connaître les vertus médicinales des plantes ? Et comment ont-ils découvert la plante qui convenait à telle ou telle maladie ?

Il est évident que cela est arrivé à force de tâtonnements millénaires, mais les tâtonnements n'expliqueraient pas toujours la découverte si celle-ci n'était pas dirigée par une connaissance intuitive préalable. Le pur hasard, ni le délire d'imagination n'expliquent rien, ce qui n'exclut pas que la magie primitive ait conduit à des découvertes que nous appelons aujourd'hui « pharmaceutiques », à force de malaxer des sucs de feuilles, de tiges, de racines ou de fruits.

Une connaissance magique est donc à l'origine de ces découvertes, et en médecine moderne on peut affirmer, par exemple, que le phénomène des signatures a donné d'excellents résultats. C'est ainsi qu'a été établie une correspondance magique entre l'hémorroïde et le marron d'Inde, cela par des analogies de principe et aussi par la forme du marron qui rappelle celle du gonflement de la veine anale au moment de la crise (entre autres médicaments rappelons qu'on soigne aujourd'hui cette maladie avec de l'intrait de marron d'Inde).

On peut appliquer le même raisonnement à la menthe dont la fleur semble être l'image d'une narine. Magiquement, elle participe à la nature nasale et tout le monde (vieux rationalistes et adversaires de la magie comprise) fait appel aux inhalations de menthol qui est un extrait de cette plante, pour traiter une sinusite ou un simple trouble respiratoire.

Bref, pour appuyer ce qui vient d'être dit, confirmons que la magie, en se doublant de science, conserve sa propre réalité à la fois spéculative et opératoire et par le fait surtout que c'est elle-même qui a ouvert la voie aux innombrables articulations dynamiques de la nature cachée. Rappelons encore que ceux qui ont percé ces « secrets » ont su discipliner leur psychisme afin d'opérer la transmutation de ces pouvoirs en intentions précises et efficaces.

Un procédé qui pourra vous être utile

Si vous avez reçu un coup, si vous ressentez une douleur quelconque, facile, vous cueillez trois herbes de nature différente, vous les malaxez, vous les roulez avec vos doigts et vous massez avec cette boule végétale, la partie douloureuse. Le mal disparaîtra ou s'apaisera selon la gravité. Qui a trouvé ce remède ? Comment ? Et qui peut nous expliquer l'action curative de ces trois plantes lesquelles, selon les cueillettes, peuvent être totalement différentes ? Mystère encore, personne ne le sait !

Onguents et remèdes fantastiques

Les onguents sont réalisés pour divers usages : suppuratifs, dessiccatifs, calmants ou excitants et toujours à base de graisses, de suifs, de cires et d'huiles diverses. On hésitera sur bien des remèdes fantastiques qui appartiennent à la sorcellerie médicale comme le fait de soigner une sciatique avec des frictions de bouse de vache cuite avec des feuilles de chou !

On reste stupéfait, voire écoeuré, de ceux que l'on découvre dans le *Grand* et le *Petit Albert* où les sorciers ont toujours puisé leur fabrication d'onguents extrêmement pernicieux et composés des plus dégoûtants produits que l'on puisse imaginer. Il en est pourtant qui pourraient être pris en considération, par exemple lorsqu'il s'agit de soigner le visage. L'un d'eux propose de frotter la peau avec une pommade faite d'amande douce, de cire et de camphre, ce que faisait d'ailleurs la reine Cléopâtre. Après tout, pourquoi pas ?

La magie des parfums

Les parfums ont toujours été en relation avec les dieux, comme un signe de leur présence et de leur protection. Peut-être parce qu'ils correspondaient à l'astralité de chacun, et à la sorte de tutelle céleste dont l'homme a toujours eu besoin.

C'est ainsi que les occultistes, dans leur classification, nous ont fait savoir que l'héliotrope convenait aux individus solaires, que l'iris s'accordait avec les lunariens, que les extraits de genièvre étaient la senteur préférée des mercuriens, que la verveine était tout indiquée au vénusiens, que les martiens préféraient le parfum de la bruyère, les jupitériens celui de la menthe et que le pavot convenait parfaitement aux saturniens.

Les jours de la semaine ont aussi leur importance. Disons, par exemple, que pour le lundi, il est conseillé d'utiliser les arômes combinés de l'encens, du camphre, du benjoin et de la graine de pavot blanc grillée, tandis que pour le vendredi, on mélangera du bois d'aloès, de l'ambre gris et du musc.

Ces produits odorants ne servent pas toujours à parfumer, ils peuvent être brûlés chez soi, pour le plaisir personnel ou lors d'opérations occultes, tout en prononçant des formules magiques et en utilisant des objets fétiches toujours selon, bien entendu, la tradition occulte et selon leur efficacité. Disons, plus simplement, que le parfum est un support à l'acte magique.

Quelques plantes à connaître

Les plantes utilisées en magie sous forme d'infusion ou de décoction peuvent aussi être utilisées pour la confection de grigris protecteurs et de sachets magiques. En magie, c'est surtout en fonction de leurs correspondances analogiques et signatures qu'elles sont choisies pour le but à atteindre. En voici quelques-unes que le lecteur pourra choisir selon les vertus qui lui conviennent :

Absinthe : Elle a la propriété de purifier le corps astral, de restaurer l'aura et d'assurer une grande protection contre les mauvaises ondes.

Acacia : Symbole de la renaissance et de l'immortalité. Elle amplifie l'intuition et la force du mental.

Ail : Protège contre le mauvais œil, contre les influences néfastes. Utilisé pour se protéger de la magie noire et les agressions dangereuses, il renforce aussi le mental. Reconnue aussi pour son action bénéfique sur la tension artérielle et le cholestérol.

Aloès : Apporte la chance, favorise les relations sentimentales, quand la plante est mélangée avec des plantes vénusiennes (verveine ou diamana).

Arbousier : Calme les angoisses et le stress et les inquiétudes de l'âme. Elle aide à la guérison et chasse les larves du bas astral.

Armoise : Elle préserve de la fatigue, purifie les lieux et facilite la voyance avec ou sans support.

Aubépine : Plante douée d'une activité sédative sur le système nerveux central. Calme la nervosité, l'irritabilité, les émotivités excessives et participe à la prévention des troubles du sommeil.

Basilic : Herbe sacrée utilisée dans la préparation de l'eau vulnéraire rouge. Ses feuilles conjurent le mauvais sort et guérissent coups, blessures et contusions. C'est une plante bénéfique qui apporte joie, bonheur et protection.

Buis : Symbolise la fermeté, la persévérance et l'éternité. Cette plante est toujours utilisée pour la confection des maillets maçonniques.

Camomille : Procure chance et permet de guérir de nombreuses maladies.

Camphre : Permet de neutraliser les ondes négatives. Il est conseillé d'en mettre dans un peu d'eau, dans une sous-tasse que l'on place sous le lit.

Cannelle : Joue un rôle important en amour si on la mélange aux plantes de Vénus (verveine ou damiana).

Céleri : Plante utilisée pour développer les facultés psychiques (télépathie, imagination, voyance, sorties hors du corps). Il permet au mental de s'apaiser lorsqu'il s'agit de trouver des solutions à des problèmes compliqués.

Clou de girofle : Combat la malveillance et les jalousies dont vous pouvez être victime. Chasse les influences négatives.

Coriandre : Cette plante agit comme le céleri, mais combat aussi les migraines. Il est conseillé d'en mettre dans de l'eau bouillante et d'en respirer longuement les évaporations.

Cumin : Facilite l'amour. En poudre ou en graines, le cumin pourra être placé sous la couche de la personne aimée. Vous vous assurerez de son amour et de sa fidélité.

Cyprès : Favorise les contacts avec les bonnes âmes de l'au-delà. Utilisée pour des séances de spiritisme, elle sera brûlée sur des chardons de bois.

Dent-de-lion : Elle permet d'avoir des rêves prémonitoires, de développer la clairvoyance et aussi les désenvoûtements.

Fenouil : Permet de fortifier les facultés mentales. À aussi la propriété d'éclaircir la vue. On l'utilise également comme rajeunissant spirituel.

Fève : Permet de communiquer avec l'invisible. Elle symbolise le premier don, venu du dessous de la terre, comme la première offrande des morts aux vivants, qui est aussi un signe de fécondité.

Figuier : Symbole de la puissance et de la vie. Posséder chez soi des feuilles de figuier séchées confère la fécondité. Garde et protège la demeure contre le mal.

Frêne : Planter chez soi un frêne peut faire perdre un enfant mâle dans la famille. Sur les branches d'un frêne, il est conseillé d'y pendre les amulettes qui permettent de conquérir l'âme sœur.

Gingembre : Depuis l'antiquité, on lui confère des effets aphrodisiaques. Il rend amoureux et protège l'amour. Cultivée en Inde, en Chine et à la Jamaïque cette plante est réputée pour son action stimulante sur le tonus sexuel, elle intervient aussi sur les troubles digestifs et les désagréments du mal des transports.

Grenadier : Un fruit qui représente les plus hauts mystères de Dieu. Il lutte contre la stérilité.

Gui : Déjà utilisé lors des cérémonies druidiques. Il apporte protection, paix et bonheur. En infusion, il constitue un remède contre les poisons. C'est aussi le symbole de l'immortalité.

Iris : Rôle purificateur et protecteur. Cette fleur calme les émotions fortes dans des états de choc, apaise le chagrin et joue, dans une maison, un rôle purificateur et protecteur. Placées dans des bains, les feuilles d'iris nous gardent contre les maladies et les esprits pervers. Autres avantages : placées sous les toits des maisons, elles permettent de rejeter les influences néfastes du monde extérieur, et protègent des incendies à l'intérieur.

Laurier : Les feuilles mâchées augmentent les qualités divinatoires. Avoir un laurier chez soi protège de la foudre.

Lavande : C'est une plante d'amour qui calme les enfants et les bébés. Elle procure aussi joie et sérénité.

Lierre : Symbole de la force végétative et de la persistance du désir.

Mandragore : Se reporter à ce qui a déjà été dit, plus haut, au sujet de cette plante.

Oignon : Sa tige est une prévention contre certaines maladies de sang. Quant au bulbe, on lui connaît des vertus aphrodisiaques et imaginatives.

Pissenlit : Purifie le sang et facilite les jeux et le commerce.

Quinquina : Utilisé pour éloigner les présences invisibles de la maison, joue aussi un rôle important lors des désenvoûtements.

Rhue : C'est la plante de la longévité. Elle permet aussi de développer les phénomènes de voyance, de télépathie, tout en ayant d'appréciables pouvoirs sur l'intellect.

Romarin : Améliore la mémoire, facilite la guérison. Elle attire aussi la chance si on en porte sur soi ou si elle est placée sous un oreiller.

Sauge : Si elle permet de développer les dons de voyance, la sauge de tout temps a été utilisée pour chasser les mauvaises entités et consolider la paix dans le foyer.

Valériane : Éloigne les visiteurs indésirables de même que ceux de l'au-delà. Soulage l'angoisse, et chasse le stress.

Verveine : Voir au sujet de cette plante tout ce qui a été dit plus haut.

Autres valeurs curatives

Ginseng : Connu depuis la Chine ancienne, on lui prête le pouvoir de conserver la jeunesse, il faut 4 à 6 ans avant de récolter cette racine. Ces actifs spécifiques améliorent les échanges énergétiques et augmentent l'oxygénation des cellules.

Levure de bière : Ce champignon microscopique est un aliment de grande valeur. C'est une source de minéraux reconnue : fer, phosphore, potassium.

Olivier (feuilles) : C'est l'arbre de vie et l'on connaît l'engouement actuel pour cet arbre symbole de sagesse et de paix. Reconnu aussi pour son action bénéfique sur la tension artérielle.

Ginkco : C'est l'arbre de longue vie, son origine remonte bien avant les dinosaures. En chine dont il est originaire, certains arbres ont plus de quatre mille ans.

Huile de saumon : L'huile de saumon, riche en acides gras, abaisse le taux sanguin de triglycérides et améliore le bilan lipidique. Protège les artères de l'effet du temps.

Fucus : Algue brune employée comme modérateur d'appétit. Stimule le métabolisme de base, active le processus d'amincissement.

Pectine de pomme : Considéré pour limiter l'absorption des graisses par l'organisme et comme un très bon stabilisant du taux de cholestérol.

Reine des prés : Favorise l'apaisement des maux de tête, des maux de dents et des manifestations articulaires d'origine inflammatoire. Parfaitement tolérée sans effets indésirables.

Grande camomille : C'est un anti-douleur, principalement conseillé pour le soulagement des maux de tête et des douleurs des règles.

Huile de pépins de courge : Conseillée pour le bon fonctionnement de la prostate. Chez les hommes, facilite la miction parfois gênée par un développement bénin de la prostate.

Plantes conseillées pour bien dormir

Valériane, passiflore, aubépine, millepertuis, dont on connaît les effets bienfaisants sur le système nerveux, en faveur du calme et du repos et qui aident à s'endormir plus facilement

Plantes conseillées selon les signes du zodiaque

Capricorne : Mimosa, verveine, patchouli, cyprès, vétiver.

Verseau : Cyprès, lavande, acacias, menthe, benjoin, patchouli, mimosa, pin.

Poisson : Anis, clou de girofle, citron, bois de santal, jasmin, mimosa, eucalyptus, sauge, muscade, gardénia.

Bélier : Clou de girofle, pin, cannelle, cèdre, genévrier, copal, poivre de la Jamaïque, pin, oliban, sang-de-dragon.

Taureau : Gui, patchouli, violette, cardamome, chèvre-feuille, thym.

Gémeaux : Lavande, anis menthe citron.

Cancer : Citron, rose, bois de santal, lotus, myrrhe, jasmin, eucalyptus.

Lion : Bois de santal, muscade, romarin, acacia, copal, benjoin, genévrier, héliotrope, orange, oliban, cannelle.

Vierge : Sauge, lavande, cyprès, menthe poivrée, patchouli, fenouil.

Balance : Rose, herbe à chat, menthe douce.

Scorpion : Clou de girofle, violette, basilic, myrrhe, cumin, pin.

Sagittaire : Clou de girofle, copal, gingembre, anis, cèdre, sauge, sang de dragon, muscade, rose, orange.

Pour tous les cas, et selon le souhait de chacun, je conseille de prendre l'avis d'un médecin naturaliste pour l'utilisation de chaque plante et pour avoir toutes les garanties de sécurité nécessaires à chaque cure.

Chapitre 12

Envoûtement et jeteurs de sorts

Le sort est un maléfice qui procède de paroles, de gestes, de caractères écrits à la main, de drogues, de pentacles, et autres attirails de la sorcellerie appliquée. Les moyens de jeter un sort sont différents, ils sont surtout innombrables. Selon la Tradition, on dénombre sept sortes de malédictions :

- ôter l'usage de la raison,
- inspirer des sentiments de haine,
- détruire l'amour d'un couple,
- nuire aux biens matériels,
- introduire dans l'esprit une passion criminelle,
- procurer des maladies,
- faire mourir les gens.

Doit-on croire à ce phénomène ? Il est vrai que de nos jours, on ne croit pratiquement plus aux sorts que l'on croit basés sur la seule imagination et que ceux qui sont réellement capables d'en jeter sont assez peu répandus.

Et pourtant, en lui-même, le phénomène existe réellement. Sur ce sujet, l'Histoire est pleine d'exemples et le plus connu, et le plus saisissant peut-être, est bien celui que l'on accorde à Jacques de Molay, le Grand Maître du Temple, dont on connaît les paroles qu'il proféra sur le bûcher, le 18 mars 1314, au moment de son immolation. Rappelons cette malédiction proférée à l'instant même où l'on s'apprêtait à lui lier les mains :

« Je vous en prie, laissez-moi joindre un peu les mains, car c'en est bien le moment. Je vais bientôt mourir, Dieu sait que c'est à tort. Mais, je vous le dis, il arrivera bientôt malheur à ceux qui nous condamnent sans justice. Et d'ajouter encore : Clément et toi, Philippe, traîtres à la foi donnée, je vous assigne tous les deux au tribunal de Dieu, toi, Clément, à 40 jours et toi, Philippe, dans l'année. »

La prédiction s'accomplit : le pape Clément X mourut un mois plus tard, le 20 avril de la même année, et Philippe le Bel, victime d'un accident de chasse, périt à son tour le 29 novembre. Cette malédiction devait se poursuivre au cours des siècles comme une vengeance implacable. C'est, du moins, ce qui reste dans la croyance populaire. Des écrivains comme Maurice Druon en ont fait, d'ailleurs, le thème central d'œuvres importantes et chacun a lu, ou a vu sur le petit écran, *Les Rois Maudits*.

La question est reposée : doit-on y croire ?

Le pouvoir de la suggestion est considérable Nul, à notre époque, n'ignore qu'un sujet soumis à une suggestion à longue échéance fera, à une date déterminée, ce qui lui aura été suggéré. Par suggestion hypnotique ou télépsychique, des individus parfaitement normaux peuvent commettre les actes les plus invraisemblables. La parapsychologie moderne travaille d'ailleurs très sérieusement sur ces applications. Le verbe proféré a de l'importance, nous l'avons vu plus haut, surtout lorsqu'il est « doublé » d'une forte volonté de puissance. Il suffit que telle parole troublante, telle prédiction soit faite avec toute l'énergie psychique qui convient, pour que l'événement prédit se réalise.

On ne saurait traiter à la légère ce sujet quand on sait que les formes pensées projetées contiennent des énergies qui leur sont propres et qui reproduisent celle de l'idée soutenue dans l'esprit de celui qui l'a projetée.

D'autre part, et si nous considérons l'envoûtement en tant que phénomène psychique et sur les bases scientifiques de la métapsychique, il s'agit d'extérioriser la sensibilité d'un sujet et la transférer sur un support. Tout ce qui est subi par ce support est transmis au sujet. C'est ainsi que dans les meilleures conditions nous constatons une mutilation violente du support, ces phénomènes pouvant aller du choc général à l'inhibition locale.

Le sujet se trouve soumis à l'opérateur, soumis dans ses actes et dans ses pensées, notamment par la voie de l'obsession consciente ou semi-consciente. On rapporte à ce sujet un phénomène que tous les magiciens connaissent : c'est-à-dire « l'envoûtement du poignard », tel qu'il est depuis longtemps pratiqué au Tibet. On « charge » magiquement un poignard qu'on laisse ensuite à la portée de la personne envoûtée. C'est un phénomène conditionné : la personne envoûtée se suicidera inévitablement. Cette pratique étant basée sur la suggestion à distance et l'obsession du suicide. À signaler encore le transfert qui peut exister entre une personne malade et une personne en parfaite santé. Si la personne malade possède une force psychique naturelle, considérable, elle peut transférer sa maladie sur une personne saine. De nombreux cas ont été constatés même s'ils échappent, et on le comprend, à toute rationalité scientifique. Il est vrai que les phénomènes de suggestion et d'autosuggestion qui correspondent au schéma classique de l'envoûtement sont encore, aujourd'hui, encore mal connus.

Il nous est seulement possible de dire, sur un plan général, que l'explication magique, l'explication métapsychique et l'explication psychologique sont des conceptions valables de l'envoûtement, la distinction ne résultant que de considérations systématiques différentes, ce qui permet à la recherche toutes les hypothèses interprétatives.

Tout le monde peut arriver à s'autosuggestionner dans le temps

C'est ce que j'ai fait lorsque j'ai décidé d'arrêter de fumer (deux paquets de cigarettes par jour ?!). Cela remonte à une trentaine d'années. Le soir en me couchant et le matin au réveil, je m'imprégnais fortement de cette idée : « J'arrêterai de fumer le dernier jour du mois, à minuit très exactement ». Durant quatre semaines, matin et soir, je me suis concentré sur cette décision. La volonté a toujours une portée objective. Le dernier jour du mois, j'étais déjà conditionné. À minuit moins cinq j'ai fumé ma dernière cigarette et j'avoue n'avoir pas eu trop de mal, par la suite, à subir mon conditionnement. En réalité, c'est un peu comme si je m'étais jeté un sort, dans le bon sens, bien entendu, car toute suggestion dépend de l'intention que l'on y apporte.

Chapitre 13

Parasitisme et matérialisation d'esprits

On a tenté de ridiculiser bien des croyances sur les matérialisations d'esprits, pourtant explicables par la théosophie, le spiritisme et l'ancienne Kabbale, lorsqu'il s'agit, en un premier temps, d'élémentaux, c'est-à-dire les hôtes des quatre éléments de la nature : sylphes, ondines, salamandres, gnomes, et autres créatures aériennes et aquatiques, devenues entités terrestres. Mais, en dehors du polythéisme païen, il y a d'étranges surprises en réserve au sujet de l'envoûtement, surtout si nous considérons l'existence d'entités appartenant à divers plans et sphères de l'univers, selon la loi universelle du transfert d'énergie.

La « recharge » de vivant à vivant est un moyen de survivre et le phénomène devient plus inquiétant, si nous accordons valeur aux dernières découvertes biologiques, notamment celles du chercheur Lyal Watson, qui mettent en évidence des corps bioplasmiques, ou corps primaires, qui agiraient comme des entités cellulaires vivantes.

Avant d'aller plus loin, je pense qu'il est utile de revenir à la Tradition qui nous rapporte que les éléments désintégrés qui ont formé le corps de notre planète, se sont transformés en de nouvelles combinaisons, en des êtres individuels passant dans d'autres centres de vie pour y subir d'autres épreuves et dans une évolution différente. Ces entités, nous les trouvons dans des niveaux inférieurs, car rien de périt définitivement. Elles peuvent, à leur tour, s'intégrer à la planète et y survivre tant que la terre existera. Ce sont les larves (ou lémures) et les magiciens noirs les connaissent très bien.

Nous avons là une forme d'envoûtement bien différente, certes, mais le phénomène reste le même puisqu'il s'agit de créatures pouvant, en certaines circonstances, atteindre un être humain dans sa santé, dans sa personne, dans sa nature même.

Dans le vocabulaire contemporain, les larves sont des esprits désincarnés, incomplets ou élémentaires, et toujours donnés pour dangereux. Leur propension au parasitisme fait que ces larves peuvent se fixer sur l'imprudent qui pratique la magie sans en connaître les lois, les règles et les dangers, ou dans celui qui, par « jeu » ou « curiosité », cherche à pratiquer une sortie en astral, c'est-à-dire se dégager de son corps physique.

De ce côté-là encore le danger existe, et je connais bien cette question du fait qu'ayant pratiqué la « bilocation » il m'est arrivé, quelquefois, de réaliser la présence « sur moi » d'une entité qui essayait de pénétrer dans mon corps matériel. C'est une épreuve difficile et dangereuse. Il est donc préférable de déconseiller cette pratique à ceux qui ne possèdent pas l'éducation psychique nécessaire, ou qui négligent l'assistance de personnes qualifiées, lesquelles peuvent aider à réintégrer le corps matériel en cas de difficulté.

Ces entités peuvent aussi « exister en ambiance » dans diverses opérations magiques lors de projections faites à partir du fluide psychique individuel ou collectif.

L'existence de ces *larves* nous a été démontrée au cours d'expériences qui consistaient à évoquer l'esprit de personnes n'ayant jamais existé. Pour qu'un mort revienne, il faut qu'il ait vécu, ce qui indique bien que les apparitions constatées ne pouvaient qu'appartenir à ces créatures des ténèbres, que sont les larves fluidiques. Voici encore une mise en garde que j'adresse à ceux qui s'adonnent à l'évocation des esprits, et qui sont souvent victimes de mystifications de la part de ces « coagulations fluidiques ».

La Kabbale les connaissait sous le nom d'esprits élémentaires, la Magie Noire sous forme d'émanations imparfaites de la nature humaine et Hésiode interdisait de faire sécher devant le feu linge et vêtements ayant été souillés par une quelconque population.

La Magie Noire nous dit à ce propos que le sang coagulé redevient sang, un sang que l'on voit couler, quelquefois, d'une statue ou d'un tableau, un sang réel qui coule normalement, un sang humain qui a déjà coulé dans une artère, un sang dont la vapeur a flotté dans l'espace pour se recomposer de globules et que des photographies récentes ont « capté » à la lumière astrale.

Tout cela est encore largement spéculatif, certes, mais il nous est autorisé d'avancer l'exemple de la cellule vivante, laquelle enlevée à son environnement, va se dégrader, cesser de se diviser et mourir. Replacée dans son milieu, elle se rechargera au contact des autres démontrant ainsi que la vie, végétale ou animale, a toujours besoin d'une aide extérieure.

Voilà la nature des larves : nourrir leur corps aérien, de ces vapeurs de sang répandues dans l'atmosphère. Souvent, ces créatures fluidiques s'attachent aux hommes, aux malades surtout, dont les défenses sont affaiblies, en un parasitisme embryonnaire qui se nourrit de leurs désirs, de leurs vices, de leurs souvenirs. Un sursaut, un éclair de volonté de la personne envoûtée les rejettera hors du corps, et elles rejoindront les ténèbres.

Dans ces sortes de phénomènes, il arrive que la forme humaine devienne distincte, mais souvent imparfaite : il manque une main, un pied, une difformité physique qui va jusqu'à une tête manquante.

Deux histoires nous sont rapportées à ce sujet par le grand occultiste Éliphas Levi

La première est relative à l'Histoire critique universelle de Cornélius Gemma qui nous parle du fantôme de Moïse, apparu en 454 à des juifs qui se tenaient dans l'île de Candie. L'apparition avait sur le front des cornes lumineuses et sa main droite tenait une verge foudroyante qui invitait les Juifs à le suivre en direction de la terre sainte. Immédiatement, les Israélites se précipitèrent vers Moïse dont ils prétendaient voir l'apparition, et le chroniqueur nous parle de 20 000 têtes échauffées, exaltées par ce miracle qui, en colonnes serrées, prirent leur course vers la mer derrière un Moïse qui marchait sur l'eau ! Ce qui se passa fut épouvantable, presque tous se noyèrent et le fantôme de Moïse disparut.

La deuxième histoire a été écrite par le jésuite Paul Saufidius. Elle relate une anecdote concernant une troupe de pèlerins japonais qui, se trouvant un jour dans un désert, vit arriver vers elle, et en nombre égal, une bande de créatures qui marchaient du même pas. Ces créatures astrales, en s'approchant, prirent une apparence humaine et, une à une, vinrent s'intégrer dans les rangs des pèlerins. Mais chacune d'elle était la parfaite réplique d'un japonais, sorte de double, de fantôme physique ou de mirage « vivant ». Les pèlerins, effrayés, se prosternèrent, se mirent à prier et lorsqu'ils se relevèrent les créatures avaient disparu. Doit-on voir dans ce cas une projection soudaine de larves fluidiques profitant de la fatigue des pèlerins dans la chaleur atmosphérique ?

Comme on le remarque, la fatigue, l'épuisement, la maladie sont toujours des facteurs qui permettent l'intervention de ces diaboliques créatures. Si le lecteur m'a bien suivi, il comprendra qu'il existe des victimes de ces phénomènes paranormaux, autant dire d'une Magie Noire aux pouvoirs encore mal connus.

Des gens perdent leurs forces, dépérissent petit à petit et finissent par succomber sans qu'on ne puisse leur apporter le moindre soin, le moindre salut, dans ces sortes d'envoûtements et de parasitisme que la science classique, faute de preuves « tangibles », préfère ignorer.

Chapitre 14

Le mauvais œil

Qui n'a jamais entendu parler du « mauvais œil » ?

Quand nous lisons dans la Bible : *« Ne mange pas le pain de l'homme qui a l'œil mauvais »*, il ne s'agit pas de ce qu'exprime son regard, mais, bien dissimulées, de l'envie et des menaces que certaines personnes nourrissent envers d'autres.

Il existe, hélas, des gens qui ne supportent pas le bonheur d'autrui. D'après d'éminents parapsychologues, ce charme possèderait une base réelle d'existence, le phénomène ressortissant de mauvaises ondes qui, dans leur sens négatif, influent sur le comportement de ceux ou celles qui en sont victimes. Cela peut aller de déceptions sentimentales jusqu'aux migraines à peu près constantes, aux accidents de toutes sortes, aux fatigues inexplicables, aux ennuis d'argent et même à la mort. Cette funeste influence ressortissant, pour les magistes et les occultistes, à la sorcellerie du magnétisme.

Les yeux sont souvent trompeurs, mais le regard ne l'est jamais

Le regard pèse sur celui qui est regardé. Et lorsqu'il y a volonté du mal, l'intention agit comme la parole quand celle-ci est doublée, comme je l'ai dit, d'une forte volonté de puissance.

Le « mauvais œil », c'est la « jettatura » pour les Italiens, lesquels s'en protègent en pointant l'annuaire et l'auriculaire de la main droite vers la personne qui s'en rend coupable et dès qu'ils l'aperçoivent.

L'anoncchiatura est une autre version. Les souhaits sont inversés et il est dit que si un individu vous regarde droit dans les yeux en vous souhaitant bonne chance et bonne santé, vous pouvez vous attendre à toutes sortes de calamités (la maladie surtout).

Ordinairement, ces « jeteurs de sorts » apparaissent comme des êtres timides, chétifs, ce sont généralement des solitaires. Ils sont antipathiques, méchants, jaloux, envieux et ne peuvent qu'engendrer le malaise autour d'eux. Ce sont des obsédés du mal qui accentueront leur emprise pour parvenir à leurs fins et Dieu sait jusqu'où ils peuvent aller.

Un exemple authentique

Durant les 17 années que j'ai passé au CRESPI (Centre de Recherches et d'Études des Phénomènes Inexpliqués), dont j'assurais la direction technique, j'ai eu l'occasion de m'intéresser à quelques cas de ce genre.

Précisons, tout d'abord, qu'il existe des personnes qui ont la possibilité de réagir psychiquement, c'est-à-dire de « renvoyer » l'angoisse morale qu'elles ressentent, ces gens appartenant à la catégorie des « dominants ». Mais il existe aussi des « dominés », des êtres qui, spirituellement, n'arrivent pas à rejeter le maléfice dont ils sont atteints, et qui n'ont même pas la possibilité de le retourner à l'envoyeur.

J'ai connu le cas d'une dame d'une cinquantaine d'années qui subissait, depuis pas mal de temps, l'emprise d'un de ces « jeteurs de sorts », au point que sa vie était devenue intenable. Rien ne lui réussissait, sa vie de famille se dégradait, sa santé se fragilisait de jour en jour, cela devenait inquiétant.

Son cas ne relevait-il pas de la psychiatrie ? Cette dame a été soumise, à de nombreux examens : neurologiques, psychiatriques, psychiques et à toutes sortes de médecines spirituelles. Aucun fait important ne révélait la cause profonde de ses angoisses et ce n'est que par hasard que mes collaborateurs et moi-même avons eu connaissance de l'élément « perturbateur ». C'était un cousin, un petit homme paralysé des membres inférieurs et qui se déplaçait dans un fauteuil roulant. En tant que voisin, il venait lui rendre visite deux ou trois fois par semaine, toujours gentil, toujours prévenant, toujours attentionné. Je n'ai vu ce monsieur qu'une fois, cela m'a suffi.

En tant que parapsychologue, j'ai immédiatement ressenti le magnétisme impur dégagé par cet homme dont les sentiments intérieurs étaient tout à fait à l'opposé de ceux qu'il prétendait exprimer. Le vrai faux jeton dans toute sa splendeur ! C'était un être foncièrement mauvais, pétri de haine et de jalousie comme je n'en ai pas souvent rencontré. L'affaire était délicate, on en convient, du fait que la personne dont je parle était sous sa complète domination.

Elle a fort heureusement écouté les conseils qui lui étaient donnés, c'est-à-dire de quitter les lieux pendant quelque temps afin de se refaire une santé, les médecins traitants ayant, de leur côté, facilité grandement les choses. Cela a duré près de trois mois. Éloignée d'environ 500 kilomètres de son lieu d'attache, cette dame, qui avait émergé de sa dépression, avait retrouvé son excellente forme. Il est à signaler aussi que le cousin à la chaise roulante, dans l'impossibilité de voyager, avait cessé tout contact avec elle, son « mauvais œil » ne l'atteignait plus ! La suite ? Un accident inattendu mit un terme à cette triste situation. Le cousin, renversé par une voiture alors qu'il traversait la rue, mourut sur le coup.

Caprice du destin ? Brusque renversement des valeurs ? Je ne sais pas, je préfère m'abstenir dans mon jugement.

Toujours est-il que depuis ce temps (cela remonte à une dizaine d'années) la dame en question a repris sa vie normalement et qu'elle est entièrement dégagée de tout phénomène perturbateur.

Comment éviter les sorts ?

Il convient tout d'abord, comme en toute magie noire, de signaler l'action dite du « choc en retour », loi en vertu de laquelle tout maléfice hyper physique rejaillit sur son auteur, si celui-ci ne prend pas les précautions qui s'imposent pour éviter le renvoi. Par exemple, il devra, à l'aide d'un triangle protecteur, désigner un animal ou une matière sensible qui, à sa place, recevra le « choc en retour » en cas de contre-envoûtement. En principe, ce sera pour lui un bouclier protecteur et efficace.

Cette image du « choc en retour » nous fait comprendre que la pensée de celui qui l'a émise véhicule aussi sa signature laquelle se présente comme la vibration d'origine. C'est donc vers « l'émetteur » que le message reviendra en force. Indiscutablement, ce phénomène obéit à une loi physique, aussi bien pour les champs vibratoires que pour les corps matériels.

La loi est immuable : la pensée négative revient toujours avec d'autant plus de force qu'elle a été exprimée. Dans ce cas, la syntonie des vibrations lui permettra de s'inscrire dans l'inconscient de l'expéditeur sans qu'il s'en rende compte. En un mot, en manquant son but, le maléfice revient vers son envoyeur tel un boomerang. Il ne s'agit nullement d'un contre-maléfice, et les récits modernes sur ce sujet nous indiquent aussi que ces phénomènes remontent à la nuit des temps.

Autrefois, on admettait, dans les campagnes, que c'était surtout aux enfants que l'on s'attaquait, cela tenant probablement à ce que la volonté de l'enfant est incapable d'une résistance quelconque. Contre les mauvais sorts, on conseillait l'oraison suivante :

Lasgaroth U Aphonidos U Pabatin U Vrat U Condion U Lamairon U Fond U Arpagon U Alamor U Bourgasis UVeniar U Serébani U.

Plus simplement encore, cette formule (pour les croyants) :

Au nom de Dieu tout puissant, et au nom des cinq plaies de notre Seigneur crucifié, magie, cesse de m'entourer ! Au nom de Dieu, je le veux, je te commande de disparaître ! Va t'en ! Retourne d'où tu viens et restes-y toujours.

Dire cela trois fois par jour, et faire chaque fois, après récitation, le signe de la croix avec la main comme une épée.

On conseillait également de réciter un pater à rebours, de ne jamais prêter de sel, de faire le signe de la croix à l'envers, ou de porter sur soi une corne d'animal, etc. Et que pourrait-on encore ajouter à toutes ces naïves protections dont beaucoup, hélas, nous entraînent aux limites de la folie ! Comme entre autres, côté sorcier, cette recette d'envoûtement qui fait appel à un morceau de pain imbibé de sang tiré d'un doigt en le piquant, et du sang menstruel, le premier comme symbole de vie, le second étant celui de la possession amoureuse ! Un livre ne suffirait pas pour contenir toutes ces inepties.

Mais il existe, chez les magistes, d'autres moyens bien plus sages et qui peuvent être considérés comme d'excellents dérivateurs. En premier, l'eau, qui est un dissolvant et qui, par traduction analogique, peut aussi dissoudre des forces du mal. Celui qui se croit envoûté doit alors se tenir à proximité d'une eau qu'il renouvellera matin et soir. L'eau se chargera des influences magnétiques, comme un accumulateur arrive à saturation. On peut ajouter à cette eau de l'encens et un peu de sel.

On peut aussi, pour se prémunir, utiliser le charbon de bois à cause de ses remarquables qualités d'absorption. On en placera aux quatre coins d'une pièce, dans la chambre principalement, car c'est surtout la nuit qu'agissent les forces maléfiques du fait que notre sommeil nous rend plus vulnérable. Le charbon de bois devra être renouvelé tous les huit ou dix jours, après quoi il sera brûlé, le feu étant l'élément purificateur par excellence.

Au lieu du charbon de bois, on conseille aussi le gros sel, autre purificateur, également disposé aux quatre coins de la chambre. Efficace encore.

Pour atteindre l'envoûteur

Pour éviter ou repousser un charme de mal, on peut utiliser des objets pointus, clous poignards, dagues, couteaux dont les pointes seront dirigées vers le haut, et en priant fortement pour faire venir à nous les forces invisibles, bénéfiques et secourables qui peuvent intervenir pour repousser les attaques dont nous sommes l'objet.

Si cela se présente, et lorsque l'envoûté sentira l'attaque de son ennemi, il prendra un couteau et tracera autour de lui de rapides signes de croix. Cette riposte, connue depuis les chaldéens, est considérée par les sorciers eux-mêmes comme étant une arme dangereuse contre l'envoûteur lequel, à cet instant, court de très grands risques de choc en retour. Il peut en périr, sauf s'il s'agit d'un professionnel aguerri qui sait utiliser les méthodes de protection triangulaire comme il en a été question plus haut.

Si un charme de mal se porte particulièrement sur un organe, le procédé est assez simple : il convient d'attaquer l'organe semblable de l'ennemi en lui renvoyant, coup pour coup, sensation pour sensation, douleur pour douleur. Cela nécessite, bien entendu, un réel effort de volonté, la volonté étant la plus forte des énergies que l'homme ait en lui.

Si l'on possède cette volonté, il faut alors imaginer que ces deux organes ne font qu'un, qu'ils vibrent en un seul mouvement et qu'une seule et même vie les anime. L'idée permanente, incarnée en nous, permettra d'agir sur l'organe de votre ennemi et vous l'emporterez dans cette lutte hyper physique.

Comme il l'a été dit, il suffit de posséder la volonté nécessaire alliée à une puissance de concentration, ce qui n'est malheureusement pas donnée à tout le monde. Je n'en dirai pas plus, car cela demanderait un trop long développement de la nature même de notre pensée laquelle, véhiculée par la force de l'opérateur, se présente comme un émetteur et dont le phénomène est à la fois psychique et physique (voir à ce sujet les récentes expériences du professeur russe Kaznachéev).

Qu'en pensent les scientifiques ?

Une découverte portant sur l'existence d'un champ électrique personnel a été fournie au 3e Congrès International du Cancer par le Dr Harold S. Burr, de l'Université de Yale. En réalité, cela remontait en 1938, avec un rapport remis à la Nationale Academy of Science par le pathologiste le Dr. Walter H. Miles et concernant les yeux humains. Selon ces chercheurs, ceux-ci sont considérés comme de puissantes batteries électriques, chaque globe oculaire étant une batterie indépendante.

On s'était déjà aperçu, depuis le milieu du XIXe siècle, que les grenouilles possédaient cette énergie électrique. Étudiée sur l'homme, et pouvant avoir de multiples emplois, cette énergie serait transmise, également, par les extrémités digitales et les mains, les yeux ayant un très puissant pouvoir dynamique.

On a aussi découvert que l'extrémité du nez était un bon canal pour les ultraviolets. Le même individu pouvant émettre des rayons à des vitesses différentes. Pour les mains, la droite semble irradier davantage que la gauche, même chez les gauchers ; les organes sexuels des deux sexes et les seins des femmes émettent aussi ces puissantes énergies.

Il fut un temps où la sorcellerie et la science n'avaient rien en commun, mais, aujourd'hui, l'union des deux apporte une explication « naturelle » sur le rayonnement néfaste qu'un individu peut produire sur une autre personne, un phénomène que nous appelons le « mauvais œil » !

La prière, aussi, est une force

La prière est une force qui attire d'autres forces bénéfiques, et cela encore remonte à la nuit des temps. On peut affirmer, même sans en avoir les preuves, que la prière a existé avant l'histoire. C'est un acte magique, quelle que soit la religion considérée et qui, partant du cœur, sollicite des forces supérieures, des forces d'Amour, afin d'obtenir une grâce, une faveur.

La prière et l'incantation n'ont pas pour but de transgresser les lois naturelles pour susciter des forces de privilège et de désordre, car la magie ne crée pas de forces, elle permet simplement de les connaître pour les utiliser. L'univers est ce qu'il est. Selon nos connaissances, nous pouvons l'utiliser ou non. Il se trouve, à ce propos, que les mages ont toujours été très en avance sur les scientifiques, les physiciens surtout, lesquels ont perdu un temps fou à étudier des lois quantitatives et matérielles, hélas, rigoureusement limitées. Alors que la magie, débarrassée de ces préjugés, ne s'est jamais embarrassée de la loi de causalité rationnelle.

Si une prière aboutit, si elle nous apporte la grâce que nous avons sollicitée, où en est la cause ? Qui ou quoi en a procuré l'effet ? Dieu ? Un esprit protecteur ? Une force bénéfique de l'au-delà ? Qui peut répondre à cette question ? Personne, à moins de nous lancer dans des spéculations métaphysiques sur l'ordre divin, les protections venues du monde invisible, les actes méritoires qui peuvent nous être accordés, tout cela dans la partie positive d'un univers en équilibre entre le Bien et le Mal (création et destruction), ce qui nous fait penser à Einstein qui, en tant que physicien, le définissait avec sa célèbre équation, E = MC2. D'un côté, la matière, d'un autre, l'énergie, les deux se renversant dans leur valeur grâce à une simple équation vice-versa, toutes les formules conservant leurs valeurs dans les deux sens, ce qui faisait dire à Anatole France : « Mettez Dieu à la place du diable et le diable à la place de Dieu, rien ne changera, l'équilibre sera le même. »

Qu'on excuse cette digression pourtant indispensable dans nos spéculations sur l'ordre moteur universel qu'il soit physique ou spirituel, idée rationaliste et positive à souhait pour l'homme de la rue qui a horreur du mystère, de l'inconnu et de sa non-compréhension des choses. Il lui faut une explication même la plus folle qui lui permette de « personnifier », de « matérialiser » la force à laquelle il s'adresse.

Pour terminer, je répéterai ce qui a déjà été dit : la prière, et peu importe les mots que l'on prononce, est un acte magique qui nous fait pénétrer jusqu'au plus profond de nous-mêmes, un acte magique qui libère notre puissance intérieure que nous projetons vers l'autorité extérieure qui nous semble la plus compétente à résoudre nos problèmes, en un mot le meilleur point d'appui sur lequel nous nous libérons de nos angoisses. Quel que soit le résultat obtenu et le degré d'avancement évolutif du processus, celui-ci relève de la magie et c'est le seul terrain sur lequel il convient de le placer.

Pour le non-croyant, et s'il veut lutter contre un charme du mal, il est conseillé de faire appel à la radionique moderne, dont j'ai déjà parlé, et qui propose des solénoïdes torsadés qui ont la propriété de repousser toutes les ondes que vous recevez y compris les plus dangereuses. On peut en porter sur soi ou les disposer aux quatre coins d'une pièce, principalement sur les points telluriques de votre maison (s'il en est, évidemment). Une baguette de coudrier peut suffire pour les déceler.

D'autre part, si vous avez des animaux chez vous, observez-les. Le chien ne se posera jamais sur un point tellurique, le chat, oui. Une souris, de son côté, ne creusera jamais son trou à la verticale d'un point tellurique, alors que les fourmis, que vous voyez défiler dans votre jardin, suivent toujours la direction et le prolongement d'une faille tellurique.

Failles telluriques, rivières souterraines, nappes phréatiques appartiennent aux couches souterraines profondes

Les ondes produites ont un caractère négatif qui se poursuit à la verticale dans une maison et que l'on appelle « points négatifs ». Et ces « points négatifs », si vous y séjournez dessus (salon, coin repas, chambre) sont très dangereux, car il a été démontré par le Pr. Hartmann, du CNRS (le fameux réseau Hartmann) qu'il existe des maisons à cancer, ces cancers se transmettant de père en fils pour ceux qui, par esprit de famille, continuent à occuper ces mêmes lieux. D'autres sont victimes de dépressions, d'artérites ou de maladies graves dont beaucoup sont pratiquement incurables.

Concluons en disant que les malheurs qui s'abattent quelquefois sur nous, ne proviennent pas toujours de forces invisibles induites par un vulgaire jeteur de sorts (un phénomène d'ailleurs assez rare), mais qu'il est utile, avant de s'engager dans la magie la plus opérative, de considérer que les lieux que nous occupons peuvent être chargés géobiologiquement de forces dangereuses, d'ondes négatives puissantes que nous ignorons, malheureusement trop souvent, et dont dépendent pourtant notre santé et notre vie.

Chapitre 15

L'initiation

L'initiation est une notion qui remonte à l'Antiquité et dont les racines plongent dans les couches les plus profondes de l'esprit humain. Cela a débuté alors que les tribus primitives, par instinct de sécurité, refusaient d'admettre en leur sein des éléments étrangers ne partageant pas cette appartenance, la règle imposée étant l'admission d'individus ayant fait preuve des qualités et des aptitudes nécessaires pour être acceptés par le groupe.

C'est ce que l'on retrouve encore aujourd'hui dans la hiérarchisation imposée aux adeptes par des sociétés comme la Franc-Maçonnerie et le Ku-Klux-Klan, l'initié ne pouvant pas s'élever au rang supérieur s'il n'en a pas la capacité ou simplement la volonté de vaincre les épreuves qui lui sont imposées. En cas d'échec, une seconde chance ne lui est pas offerte.

Les épreuves initiatiques à surmonter

J'ai choisi plusieurs types d'initiations afin de révéler au lecteur la véritable nature de ces mouvements spirituels dont les pratiques sont quelquefois d'une cruauté inouïe.

Commençons par l'Égypte avec l'initiation aux Mystères, une épreuve que seul un candidat d'une force de caractère exceptionnelle pouvait surmonter. Soigneusement instruit des premiers rudiments de la science occulte, rien, dès cet instant, ne lui venait en aide. Il savait que s'il échouait dans son épreuve, il n'avait plus la possibilité de continuer et encore moins de revenir en arrière. Il était tué sur le champ !

Platon, Thalès et Pythagore furent quelques-uns des « étrangers » à être initiés aux Mystères d'Hermès Thot, à Memphis. Voilà comment ils décrivent ces épreuves qui avaient lieu dans des grottes sacrées, par lesquelles on accédait en franchissant la porte de bronze aménagée entre les pattes du Sphinx de Gizeh. On entre alors dans un labyrinthe de couloirs et à partir de là imaginons la suite :

Les yeux bandés, le candidat est conduit dans une chambre circulaire. À cet instant, on lui arrache le bandeau, une trappe s'ouvre et, dans un grondement de tonnerre, apparaît un vieillard armé d'une faux qui s'écrie : « Malheur à celui qui vient troubler la paix des morts. » Le candidat trouve encore devant lui des prêtres vêtus de longues robes blanches et ceinturés d'or, symboles du soleil et de la lune, qui portent des masques à tête de lion et de taureau. Immédiatement la faux se met à siffler au-dessus de sa tête. Par sept fois, elle lui frôle le crâne et puis le vieillard disparaît.

Les monstrueux personnages, obéissant aux règles de l'initiation, ouvrent une porte et le candidat, armé d'une lampe, doit s'engager dans un couloir tellement bas qu'il ne peut le franchir qu'en rampant. C'est la solitude, la terreur des ténèbres, une progression douloureuse et lente vers l'inconnu. Et si la lampe s'éteint ?

Enfin, une échelle de fer apparaît, soixante marches à descendre ! Au fond ? Un trou noir, béant, et puis, sur le côté, un escalier en colimaçon de 22 marches. Sur les murs, des symboles, des signes magiques et puis des lampes où brûlent de l'huile et de l'encens et enfin, au bout d'un moment, l'apparition d'un foyer ardent. Si le candidat parvient à passer entre les flammes, il trouve, plus loin, une nappe d'eau qu'il doit traverser jusqu'aux mâchoires d'un lion sculpté tenant un anneau. En tirant sur l'anneau, le candidat se trouve devant un puits profond et noir. Il n'a pas le temps de réfléchir. Des mains invisibles lui bandent les yeux une nouvelle fois, et il est conduit dans la Grande Pyramide devant le collège des mages d'Hermès Thot, les hiérophantes, ou Maîtres, se tenant au pied de la colossale statue d'Isis, déesse-mère de l'Égypte.

Le bandeau lui est enlevé. Au centre de la salle se trouve, sur une table d'argent, un curieux planisphère qui doit servir au postulant pour calculer un horoscope, et cela sans la moindre erreur. C'est l'épreuve suprême. Si elle est franchie avec succès le candidat doit alors prêter serment, un serment qui rappelle, assez curieusement, celui des Francs-Maçons : *« si je trahis mon serment, je mériterai d'avoir la gorge tranchée, la langue et le cœur arrachés. Je mériterai d'être enterré dans le sable de l'océan afin que ses vagues m'emportent vers l'éternel oubli. »*

Maintenant, les mages ont abaissé leur épée et l'un d'eux apporte deux verres au candidat, l'un contient du vin, l'autre un poison mortel. « Tu dois boire un de ces verres, lui dit-on, sans réfléchir, d'une seule traite. Choisis ! » Le candidat ne sait pas qu'un peu de myrrhe a été simplement ajoutée à l'un des deux verres, mais il doit obéir, s'emparer d'un verre et le vider d'un trait.

Reste l'épreuve définitive, peut-être la plus dangereuse de toutes. Il est conduit dans une chambre à coucher où a été servi un repas généreux accompagné de vins fins et où dansent d'adorables créatures à peine vêtues au son d'une musique sensuelle, jouée par un orchestre invisible. Au cours de cette danse provocante, les jeunes créatures, masquées, l'invitent à choisir l'une d'elles.

Le candidat est ébloui. Les épreuves qu'il vient d'endurer l'ont considérablement affaibli, tant moralement que physiquement, et c'est bien là le danger, car au moindre signe de faiblesse, il est perdu. Et les mages attendent. Les minutes passent et les filles, à moitié nues, ne cessent de frôler l'homme épuisé. S'il cède à la tentation, il aura profané les « Mystères » et un mage le tuera sur place. S'il résiste, alors, pour lui, l'épreuve est terminée. Il pourra maintenant tout savoir sur les sciences hermétiques, comment appliquer les sept clés du symbolisme et aussi, but de tous les cultes des Mystères, atteindre de hauts niveaux de conscience et s'y maintenir.

Étranges et mystérieux Cabires

Ces pratiques ne sont pas uniques et si nous restons dans la Tradition rappelons que les initiés grecs ont connu les enseignements d'une élévation spirituelle supérieure grâce aux Cabires pélasgiques qui, nous dit-on, avaient eu pour mission d'instruire les hommes après le cataclysme universel.

Dans beaucoup de pays méditerranéens, et notamment en Grèce, ces étranges Cabires, qui travaillaient le fer et les autres métaux, ont introduit des fêtes mystérieuses, que certains initiés pratiquent encore, mais dont on ne comprend toujours pas la provenance. Pour ces initiés, Prométhée était un Cabire, de même que Ptah, en Égypte, où chaque planète de notre système solaire était représentée par un Cabire.

Le postulant était soumis à des épreuves effrayantes, s'il voulait se hisser au sommet de la hiérarchie et atteindre le plus élevé de sa société qui avait pour nom Satan ou Samon ou Samaël ce qui, chose curieuse, signifie initiation.

Le candidat portait sur la tête un bonnet qui se terminait en pointe ainsi qu'un long manteau très ample, déployé sur ses épaules. Dans une main, il tenait une branche de cyprès et dans l'autre une équerre, cette même équerre que nous retrouvons, étrange correspondance, chez les Compagnons et chez les Francs-Maçons dont l'origine spirituelle remonte, on le sait, à Hiram qui construisit, à Jérusalem, le fameux Temple de Salomon. Alors, une question : la Grèce des Cabires n'avait-elle pas déjà une sainte odeur maçonnique ?

Pour atteindre le pouvoir et la domination : l'esprit du Mal

Toutes les aventures spirituelles ont connu l'initiation, soit en direction de Dieu, soit en direction de Satan. Il est un fait : les mouvements ésotériques, les sectes para religieuses, les religions officielles ont toujours développé toutes sortes de pratiques plus folles les unes que les autres pour créer des hommes doués d'aptitudes surhumaines qui, en maîtrisant douleur et tentation, peuvent atteindre au pouvoir et à la domination. Pour les initiateurs, nous ne sommes pas éclairés si nous n'y croyons pas, leur sagesse étant, selon eux, d'expliquer l'inexplicable et de nous conduire à l'Absolu de la Connaissance.

L'homme d'aujourd'hui perpétue ces mêmes lois et dans les ordres noirs, nous retrouvons toujours le même principe fondamental, qui consiste à obtenir illégalement ce que l'on ne doit pas posséder et ce qui pourra nuire aux autres. Une certaine forme de paranoïa que rien n'arrête pour arriver au but.

Dans ces ordres, le candidat est interrogé sur les raisons qui le poussent à se joindre au groupe. S'il est jugé apte, commence alors une période probatoire de treize mois où il recevra une instruction nécessaire à l'enseignement du culte. Mais il devra aussi se soumettre à des tests. Souvent il s'agit d'actes de vandalisme dans des églises et des cimetières, la destruction ou le pillage de tombes, cela ayant été porté à notre connaissance par de nombreux reportages télévisés. D'autres actes de sabotages apparemment dénués de sens, sont confiés à des néophytes désireux de se faire distinguer, d'autres témoignant d'une aptitude marquante pour le viol des tombes et la nécromancie.

Des journaux ont rapporté le vol du corps d'un bébé dans sa tombe. Il ne fut jamais retrouvé. Dans le village de Westham, en Angleterre (Sussex), quatre hommes ayant investi une église, au milieu de la nuit, ont été découverts dansant au milieu de cierges disposés en croix dans le chœur, près de l'autel. Cette danse semblait avoir un caractère diabolique. Effrayés par l'arrivée des gens du voisinage, les quatre danseurs s'enfuirent et s'engouffrèrent dans une voiture qui démarra aussitôt. Lorsque la police arriva, les cierges brûlaient toujours. Quelqu'un avait craché sur la croix placée au-dessus de l'autel, des signes de magie noire avaient été dessinés à la craie sur les portes et les murs. Cela fait partie de l'initiation, si le candidat a bien rempli ses engagements, il est accepté comme néophyte ce qui lui permettra, par la suite, d'accéder à d'autres grades plus élevés.

Les scènes de vandalisme, et de profanation dans les églises et les cimetières sont courantes aujourd'hui, accompagnées quelquefois de sacrifices d'animaux avec mutilations et tueries inexplicables : un coq noir trouvé la gorge tranchée dans un cimetière, le cœur d'un mouton percé de 13 épines à l'entrée d'une église, la tête d'un porc placée entre 3 croix de bois.

Et tout cela dans le but de détruire ou d'atteindre tout objet « sacré », « saint » ou « bon ». Ajoutons que dans les sectes noires l'autel, dans bien des cas, est représenté par une femme nue, tandis que subsistent l'utilisation de cierges noirs et la coutume de conserver une hostie consacrée dans le vagin d'une prostituée. Ces gens existent réellement, vous en croisez journellement, dans la rue, au café, au cinéma, ou dans une grande surface. Et nous sommes au 21e siècle !

Chapitre 16

Longévité et immortalité

Si les activités psychiques et spirituelles jouent un grand rôle dans la recherche de l'immortalité, la simple magie y a aussi sa place.

Doit-on croire au pouvoir d'une vie sans fin ?

Les boissons d'immortalité ont toujours hanté l'esprit des hommes depuis Gilgamesh, le fameux héros sumérien. Un long voyage lui fait traverser des plaines et des montagnes et arriver au bord d'une mer inconnue, l'un de ses ancêtres lui apparaît et lui révèle le grand secret.

Voilà ce que rapporte à ce sujet G. Conteneau dans son *Épopée de Gilgamesh* (1939, Paris) :

> *« Il existe au fond de l'eau une plante épineuse, elle pique comme le rosier, assez pour te déchirer les mains. Mais si tes mains la saisissent tu auras l'immortalité. »*

Gilgamesh plonge, la découvre, et laisse éclater sa joie :

> *« Cette plante est vraiment une plante digne de renommée. Grâce à elle, l'homme renouvelle sa force vitale. Je la rapporterai à Uruk, j'en ferai manger, je partagerai cette plante ; son nom sera : le vieillard redevient jeune homme. J'en mangerai et je reviendrai au temps de ma jeunesse. »*

Malheureusement, sur le chemin du retour, le héros se baigne dans une source fraîche et un serpent vient lui dérober la plante d'immortalité. Le symbole est clair : la plante d'immortalité est liée à la mer primordiale et exige une certaine souffrance dans le sacrifice. Toujours le sacrifice pour obtenir ! *« Qui veut gagner le Ciel doit offrir le sacrifice »*, nous disent les théologiens brahmaniques dans les Véda. « *Tant que dure le sacrifice, les participants sont transportés « ailleurs », à un endroit, à un moment où ils peuvent rencontrer les dieux et boire avec eux la liqueur d'immortalité. »*

Un vieux procédé, venu du fond de la Bretagne, consisterait à placer sur un autel plusieurs pièces de monnaie de façon qu'une messe y soit dite à l'insu du célébrant. Les pièces seraient ensuite limées et cette limaille jetée dans un liquide quelconque (de l'eau-de-vie de préférence). Celui qui le buvait était, nous dit-on, garanti d'invulnérabilité et d'immortalité. Une fois de plus… c'est la foi qui compte !

La théorie d'Emmanuel Swedenborg, théosophe et visionnaire suédois du milieu du XVIIIe siècle, est bien plus sérieuse. Sa conception de l'immortalité est tout à fait spirituelle. Pour lui l'homme vit éternellement en des sphères, soit inférieures, soit supérieures. Il nomme Esprits Angéliques les êtres qui, sur cette terre, sont préparés pour aller au Ciel où ils deviennent Anges et cela par le jeu de réincarnations successives. Toujours selon sa théorie, Dieu n'a pas créé d'Anges spécialement, tous ont été hommes sur la terre, une terre qui serait la pépinière du Ciel. Comme on le voit, c'est une forme d'éternité et d'immortalité dans un cercle où s'enroulent les richesses célestes.

Prolonger la vie : un rêve éternel !

De tout temps, et en dehors de l'immortalité, les hommes ont cherché à allonger leur temps de vie sur terre. D'après la curieuse compilation d'un auteur inconnu sur l'art de prolonger la vie d'après Hippocrate, Galien, Celse, Arnaud de Villeneuve et sans oublier Paracelse, nous découvrons toute une série d'élixirs de longue vie, parfaitement détaillées qui ont probablement rendu de grands services à notre ancêtre. Bien entendu, il fallait y croire, la suggestion est dans la foi à opérer des miracles, c'est connu.

Quoi qu'il en soit, de nombreux traités, par la suite, comme le Thesaurus Sanitatis (Paris, 1577) nous révèlent de curieux remèdes dits efficaces pour prolonger la vie. L'eau céphalique de Charles-Quint, l'eau stomachique de Minsich, les eaux cordiales d'Hercule de Saxe et toutes sortes de tablettes rendant la puissance génésique aux vieillards affaiblis.

Au XVIIIe siècle, l'alchimiste Geber a réalisé un élixir à base d'or qui faisait, dit-on, « rajeunir les vieillards », l'or potable agissant, d'après lui, sur le cœur, éliminant les impuretés de l'organisme et guérissant toutes les maladies. À ce propos, la Tradition nous enseigne que l'or potable peut être dissous dans une eau que seuls les savants initiés savent préparer. Un or meilleur que l'or naturel et l'or alchimique.

Citons également Paracelse avec son « alcahest », une eau immortelle qui devait triompher de tous les maux, y compris la vieillesse. Quant à Roger Bacon, le célèbre moine anglais, ne nous parle-t-il pas dans ses *De secretis opéribus* d'une recette miraculeuse qui aurait permis à un nommé Papalinus, prisonnier des Sarrasins, de vivre 500 ans ?

Ninon de Lenclos, toujours désirable à 85 ans !

Malheureusement, l'analyse de la plupart de ces « médicaments miracles » nous reste inconnue. On ignore toujours la façon de les préparer. Pourtant quelques étrangetés demeurent. Voyons, par exemple, Ninon de Lenclos cette femme de lettres françaises connue pour ses libres pensées. Elle reçoit un jour une lettre d'un de ses admirateurs, le célèbre médecin italien Fortunio Liceti, dans laquelle il lui conseille d'user d'un mystérieux onguent, la « Rosée de Visage », qu'il a retrouvé dans un manuscrit oriental et qui a le pouvoir de conserver la beauté et la santé.

Grâce au médecin italien, on sait que Ninon a été en possession de cet onguent. Est-ce grâce à lui qu'à l'âge de 85 ans encore, elle était toujours aussi belle et désirable, malgré une vie, comme on le sait, bien mouvementée ?

Et si nous parlions de Cléopâtre ?

Sa beauté légendaire n'est pas un mythe. Son procédé consistait à mélanger deux onces de suc d'oignon, de lys blanc et de miel blanc. La reine égyptienne faisait fondre dans ce mélange un peu de cire blanche et, avec la pommade ainsi obtenue, elle se massait la visage chaque soir avant de se coucher et ne l'essuyait que le lendemain matin. Amie lectrice, pourquoi ne pas essayer ?

Des recettes à la portée de tous

Pour certains chercheurs la santé et le prolongement de la vie tiendraient en une unité sacrée : le soufre, le mercure et le sel, unis en juste proportion. Il suffirait qu'un déséquilibre survienne entre ces trois principes pour que les forces se dégradent.

Toujours est-il que les élixirs de longue vie ont de tout temps, alimenté les curiosités. Voici une recette qui remonte à plusieurs siècles et toujours inscrites à l'Arsenal de la magie moderne. Vous prenez 50 centilitres d'eau-de-vie que vous ajoutez à 50 centilitres d'eau de source. Dans le litre obtenu, vous versez le mélange suivant sous forme de poudre : 85 grammes de quinquina, 5 clous de girofle, 5 grammes de cannelle, 15 grammes d'écorce d'orange amère et une légère pincée de safran. Vous laissez macérer le tout durant trois semaines dans un endroit obscur. Au 21e jour vous filtrez le liquide à travers un linge de soie ou de fil très fin. Chaque jour, en vous levant, et au moment du petit-déjeuner, vous en prenez la valeur d'un verre à liqueur. C'est à essayer. Il n'existe aucune contre-indication.

L'eau magnétisée et ses propriétés thérapeutiques

L'eau magnétisée guérit des plaies souvent jugées incurables par la médecine officielle, soulage les douleurs rhumatismales et, sous forme de boisson, donne du tonus à l'organisme.

L'eau magnétisée aide aussi à vaincre les rides, elle possède la vertu de retendre les tissus fatigués de même qu'elle atténue fortement les poches sous les yeux. On préconise une application de coton imbibé le soir au coucher, la compresse étant conservée jusqu'à ce qu'elle soit sèche. Avant un mois, vous constaterez d'excellents résultats.

L'élixir de Paracelse

Paracelse a réactualisé, au VIe siècle, une très vieille recette déjà utilisée dans l'Antiquité par les Babyloniens. S'il est souvent difficile de comprendre les écrits du médecin suisse, ceux-ci demeurent toutefois brûlants d'actualité concernant les médecines que nous appelons énergétiques.

Ce qui est à retenir aussi c'est que les produits utilisés rééquilibrent les énergies par leur grande pureté vibratoire, n'entraînant aucun effet secondaire et ne menaçant nullement l'équilibre naturel de notre corps. 43 plantes et écorces entrent dans cette composition, entre autres, la rhubarbe, le safran, l'aloès, le camphre, la racine d'Angélique, la manne et la Thériaque Vénitienne. Beaucoup de ces corps contiennent des substances amères et des huiles éthérées connues en pharmacie, d'autres activent la sécrétion de la bile et des sucs gastriques et pancréatiques, d'autres, enfin, ont des effets diurétiques, astringents et désinfectants.

Cet élixir possèderait la vertu de retarder le vieillissement et de prolonger la vie si on en croit, du moins, les affirmations d'un médecin naturaliste suédois, le Dr Samst qui, au XVIIIe siècle, a retrouvé les archives de Paracelse et entrepris de la rédiger définitivement.

L'étrange histoire de cet élixir voudrait que le Dr Samst ait été le premier à l'utiliser. Il vécut en parfaite santé jusqu'à l'âge de 104 ans. Mais il n'est pas mort de vieillesse, tout simplement d'une méchante chute de cheval. *« Mais, bon sang de bon Dieu ! aurait pu jurer Paracelse du haut du ciel, qu'avait-il besoin, à 104 ans, d'aller faire du cheval en compagnie de ses arrières petits-enfants ! »*

Reconnaissons, en effet, que c'était bien là tenter le diable !

De son côté encore, Roger Bacon pense que l'aigle, le cerf, le serpent, le phénix sont des créatures qui se régénèrent grâce aux vertus des herbes et des plantes, le cerf surtout qui est un animal doué de longévité et qui, par le principe magique de sympathie, confèrera sa longévité à l'homme. Il croyait aussi que l'on pouvait prolonger la vie de l'homme de plusieurs centaines d'années, notre franciscain ayant lui aussi composé un excellent remède contre la vieillesse et toutes les corruptions du corps. N'avait-il pas affirmé qu'il connaissait un homme qui prétendait posséder une lettre du pape affirmant qu'il avait atteint l'âge patriarcal ?

Une science traditionnelle

Selon les alchimistes qui ont réalisé le « Grand Œuvre », et qui possédaient la « Pierre Philosophale », nous aurions, avec cette dernière, une « Médecine Universelle », ou « Grand Élixir », qui conserverait les forces vitales aux vieillards. C'est dans l'état de « Poudre de Projection » enrobée dans de la cire et fixée sur un métal fondu, que cette poudre aurait le pouvoir de changer le « mercure métallique » en or ou en argent, selon le « ferment » ayant déterminé sa composition.

Avec les nouvelles conceptions scientifiques, on sait aujourd'hui que n'importe quel laboratoire de physique nucléaire est en mesure de transmuer le mercure en or, même si son prix de revient est plus élevé que le prix de l'or naturel. Mais si l'on reconnaît l'antériorité indéniable des théories alchimiques, pourquoi ne pas admettre, alors, que nous pourrions, avec celles-ci, espérer une prolongation de la vie ? La parole est à vous, messieurs les savants !

Toujours la suggestion

D'autre part, il est vrai aussi que la puissance de la suggestion, contrôlée, admise, a permis, parmi les phénomènes les plus invraisemblables, de reconquérir des vernis de réalité.

Les influences de nos sensations et idées peuvent nous aider à vaincre de nombreuses difficultés de la vie, les forces bien utilisées de notre âme pouvant aussi nous amener à une prolongation de notre vie.

Comme le dit Goethe : *« L'homme peut ordonner à la nature d'éliminer de son être tous les éléments étrangers qui lui donnent la souffrance et la maladie. »* Ce qui signifie qu'il faut savoir emmagasiner dans notre cerveau des suggestions bienfaisantes, sereines et réconfortantes.

Voici deux exemples de suggestion, parmi les plus curieux.

Le premier concerne Valérius Aper, un soldat romain qui avait perdu la vue. Il décide, dans sa volonté, de suivre le conseil des dieux et compose une pommade faite du sang d'un coq blanc et de miel. Il s'en frotte les yeux et recouvre la vue. On comprend que la cécité, nullement définitive, était probablement accidentelle, momentanée, et que le remède en question était totalement inefficace. C'était, pour le romain, une question de foi, de croyance. Et une fois encore, la foi a sauvé !

Le deuxième exemple relève de la méthode de tolérance clémente inaugurée par le Pr. Charcot. Cette méthode s'applique à certains malades qui pensent que la grotte de Lourdes les délivrera de leurs maux. Que fait-on ? On leur applique la grotte de Lourdes à domicile. On les endort et on leur suggère l'idée qu'ils se trouvent dans la grotte de Bernadette. On fait même « intervenir » la Sainte Vierge. Et pour l'eau ? On leur fait boire de l'eau de la Meuse ou de l'Allier ou simplement du robinet. Et ça marche ! La foi aidant, la guérison vient et le malade est heureux. Curieuse magie, non ?

Mais restons dans notre sujet : la longévité

D'après Buffon, la vie humaine, naturelle, serait de 90 à 100 ans. Pour Haller, elle pourrait atteindre jusqu'à 200 ans. La Bible, de son côté, contient des textes qui citent l'âge de patriarches ayant vécu plusieurs siècles. Adam aurait atteint 930 ans, Seth, son fils, 912 ans, Enos, 912 ans, lui et son fils Quenan, 910 ans. Nous trouvons ensuite Malaléel, 895 ans Yéred, 965 ans et son fils Hénok, qui disparaît mystérieusement à l'âge 365 ans. Mais le record est battu par Mathusalem avec 969 ans et Noé avec 950 ans !

La Bible nous avertit en déclarant « Désormais l'homme ne vivra plus que 120 ans. » Doit-on penser qu'aux temps bibliques, les hommes vivaient bien plus longtemps ? Ces nombres sont-ils symboliques ou sont-ils le reflet d'une réalité ? Il est encore difficile de prendre position à ce sujet. Mais il est à peu près certain, d'après les textes anciens, que la longévité a marqué les générations bibliques.

Des cas bien étranges et surprenants s'ajoutent à ce mystère. Un document trouvé à Turin, qui remonte à 1613, donne l'entière biographie d'un homme de près de 400 ans, en pleine santé et jouissant de la plénitude de toutes ses facultés physiques et intellectuelles.

Si l'on en croit les écrivains romains, Épiménide de Crète aurait vécu plus de 3 siècles. Pline cite, d'après Alexandre Cornélius, le cas d'un illyrien, Daudon, qui aurait vécu 500 ans. Mais si nous restons dans une juste estimation et si nous considérons des documents dont on ne peut mettre en doute l'authenticité, nous sommes surpris de découvrir des hommes ayant normalement vécu entre 100 et 160 ans et plus. Une statistique concernant les moines du mont Athos nous apprend à ce propos que ceux-ci arrivaient pour la plupart à l'âge de 150 ans.

Haller cite deux macrobes : le premier, Thomas Parr, qui vivait dans le Comté de Shorp, en Angleterre, depuis 152 ans et qui mourut d'indigestion lorsqu'il fut reçu à la cour par sa Majesté qui tenait à lui fêter dignement ses 152 printemps. Le second se rapporte à Henri Jenkins, du Comté d'York. Haller raconte qu'à l'âge de 169 ans cet homme fut appelé devant la justice pour témoigner d'un fait datant de 140 ans. À l'âge de 169 ans, et comme il traversait encore la rivière à la nage, il mourut, précise-t-on, à la suite d'un refroidissement !

Non moins authentique, le cas de ce fameux paysan norvégien, J. Gurrington, mort à 160 ans, qui a laissé de son dernier mariage, un fils de 9 ans dont le frère aîné avait tout joyeusement 108 ans ! D'autres encore : Pierre Czortan, en Hongrie, mort en 1724 à l'âge de 185 ans, avait un fils âgé de 155 ans et un autre de 97 ans.

Citons également le cas d'une authenticité incontestable : celui de Robert Tylor. Né en 1764, cet homme était le plus vieux receveur des postes existant sur terre. Afin de lui rendre hommage, la Reine Victoria lui envoya son portrait avec une gentille dédicace. Le vieillard en fut tellement émotionné qu'il mourut quelques jours après. Il avait 134 ans. À noter qu'il s'était marié à l'âge de 108 ans !

Manuel del Valle, de Los Angeles – si nous acceptons le document certifiant sa naissance, lequel a été enregistré le 24 novembre 1745 – est mort à l'âge de 157 ans. Cet homme étonnant se nourrissant très modérément, ne fumant et ne buvant jamais avait déjà dépassé la quarantaine lors de l'éclatement de la Révolution française.

Mais la sobriété n'est pas un facteur déterminant dans les cas de longévité puisqu'on connaît des macrobes qui levaient joyeusement le coude, comme la vénérable Johanna Obst laquelle, morte à 155 ans, n'avait jamais arrêté de boire, depuis l'âge de vingt ans, ses deux verres d'eau-de-vie par jour. Quant au chirurgien lorrain, nommé Politiman, il s'est, nous dit-on, enivré quotidiennement jusqu'à l'âge de 140 ans ! Qui dit mieux ?

L'Histoire abonde de ces vieillards sobres ou intempérants qui, à l'âge de 130, 140, 150 ans et plus, brillaient encore par leur énergie et leurs qualités intellectuelles.

Aujourd'hui, les progrès de l'hygiène, l'augmentation du bien être, les découvertes de la science médicale, sont les facteurs les plus importants de la longévité humaine. N'oublions pas non plus qu'une mauvaise alimentation fragilise notre corps en le rendant vulnérable à toutes sortes de maladies graves.

De nombreux physiologistes ont essayé de définir la ration alimentaire nécessaire à l'homme dans les différentes périodes de sa vie. D'après certains, il suffit à un adulte d'absorber journellement 125 grammes d'albumine, 125 de graisse et 400 d'hydrocarbone. Pour d'autres, une quarantaine de grammes d'albumine seraient tout à fait suffisants de même que 5 à 7 grammes d'azote dans 30 à

45 grammes d'albumine, pour maintenir la vigueur et la santé de l'homme le plus robuste.

La viande ne serait donc pas nécessaire si nous absorbons 5 à 7 grammes d'azote journellement en ayant recours aux substances végétales. Des régimes analogues ont été soumis à des étudiants de l'Université de Yale, lesquels ont continué leurs exercices sportifs et cérébraux tout à fait normalement.

Dans notre société, il est à signaler les dangers que couvrent les personnes suralimentées et particulièrement les enfants qui, dès l'âge le plus tendre, ont une nourriture trop abondante. Regardez les adolescents, plus de 30 % atteignent un embonpoint anormal et dangereux.

La moyenne de la vie augmente au lieu de diminuer, c'est un fait, mais tout irait certainement mieux si nous respections plus souvent les lois de la nature. Il est vrai aussi que les marchands de pétrole, les « ogémistes » et les « nucléaires », ne favorisent pas notre longévité. Bien au contraire.

Mais l'être humain a aussi sa part de responsabilité. Si nous n'atteignons pas les 150 ou même les 200 ans de vie qui nous sont possibles, c'est parce que, arrivés à un certain âge, nous subissons une autosuggestion de la mort. La mort nous fascine. À 60 ans, à partir du moment où nous prenons notre retraite, nous entrons dans la sénilité. Notre corps, nous nous plaisons à le déclarer vieux, décrépi, perdu. À 70 ans, ça s'aggrave et à partir de 80 ans nous nous situons à l'âge critique de la vieillesse, alors que nos organes (à moins que nous ne soyons atteint d'une maladie grave, incurable) peuvent conserver leur fonctionnement bien au-delà d'un siècle.

Par contre, certains « vieillards » réussissent à faire front à toutes les idées néfastes sur les limites pernicieuses de l'existence. Des écrivains, des artistes, des « bons vivants » nonagénaires, ou presque centenaires, continuent par leur activité, et leur volonté surtout, à profiter de « leur jeunesse ».

La vieillesse précoce est liée à une autosuggestion nuisible et c'est ce qui conduit, inévitablement, à une décrépitude fatale. Les craintes irréfléchies, démoralisantes, ne font qu'accélérer notre marche destructive. Dans ce cas, la magie vient encore à notre secours, car il y a magie dans la pensée et dans notre volonté à vouloir prolonger notre jeunesse sur ses illusions protectrices.

En un mot, et pour prolonger notre vie, ne prenons surtout pas le temps de vieillir.

Chapitre 17

Quelques pratiques magiques et autres applications

De tout temps, la pratique sorcellaire a utilisé la science occulte des bonnes et mauvaises herbes et cette médecine a souvent été de très bon conseil, comme nous l'avons vu, à la médecine classique. Mais, jadis, l'art pharmaceutique emprunté aux sorciers aboutissait aussi à d'incroyables remèdes.

C'est ainsi qu'à Charles VI, devenu fou, on administrait une sorte de préparation faite d'une pâte sucrée contenant du soufre pilé, de l'or en feuille, des rubis pulvérisés, mixture a laquelle on ajoutait de la raclure de cornes de cerf adoucie par de la gomme arabique !

Mieux encore. Jean Goeurot, le médecin particulier de François Ier, traitait à la cour certaines affections des yeux en obtenant le jus concentré d'une centaine d'escargots bouillis auquel il ajoutait de la fiente de lézard gris, de la poudre fine de corail rouge et une large part de sucre candi. Quant à François Ier lui-même n'avait-il pas sur lui en permanence un petit sac dans lequel se trouvait un morceau de momie égyptienne qu'il grignotait à longueur de journée pour conserver ses forces ?

On connaissait aussi, pour vaincre diverses maladies, des boissons, des onguents où entraient toutes sortes de produits, comme le venin des vipères, et il est curieux de constater, aujourd'hui, que ce venin est utilisé en médecine, de même que l'acide formique que les sorciers d'autrefois utilisaient à partir de fourmis pilées !

Paroles et procédés magiques utilisés pour guérir

Je donne ici quelques vieilles recettes appartenant à la tradition populaire et telles qu'elles sont encore appliquées, de nos jours, par certaines personnes, et d'autres empruntées au Vaudou dont l'origine remonte à la préhistoire africaine (Dahomey et Nigéria), une religion primitive basée sur le culte des esprits, ou « loas », êtres surnaturels et tous puissants, et dont le fondement relève de la magie instinctive destinée à se défendre des dangers de la vie, ce qui revient à dire que cette méthode magique a été créée pour assurer à l'homme sa substance et sa santé.

Contre les brûlures :

« Feu, perds ta chaleur comme Judas fit sa couleur, quand il trahit notre Seigneur au Jardin des Oliviers. »

Cette prière doit être prononcée trois fois. Il faudra, ensuite, souffler trois fois sur la brûlure. Des magistes conseillent aussi de réciter un Pater et un Ave suivis d'aspersions d'eau bénite.

Plusieurs procédés sont aussi proposés : emplâtres de miel et d'huile d'olive, de savon de Marseille fondu, de poussières de bois vermoulu, des applications de fleurs de Saint Jean dans de l'huile ou encore de la deuxième écorce du bouleau.

Contre le zona :

« Ô Grand Saint Laurent sur un brasier argent tournant et retournant, vous n'étiez point souffrant. Perds ton ardeur grand feu de Dieu, perds ta chaleur comme Judas perdit Jésus-Christ par passion juive au Jardin des Oliviers. »

On peut ensuite réciter trois Pater et trois Ave.

Contre la fièvre :

« Fièvre, fièvre, reste là jusqu'à ce qu'on te cherchera. »

La formule doit être répétée trois fois et l'on récite trois Pater et trois Ave.

Sous toute réserve encore :

Prendre trois cuillérées à soupe de graines de genièvre, une carotte rouge, une côte de céleri de la longueur du doigt, cinq feuilles de chicorée sauvage, cinq feuille de persil, cinq feuilles de camomille, une demi feuille de noyer, deux verres à liqueur d'eau-de-vie et six morceaux de sucre.

Le lecteur intéressé pourra essayer cette recette. Certaines personnes s'en trouvent satisfaites. Il est dit aussi que la fièvre tombe si le front est lotionné d'une infusion de feuilles de myrte.

Un meilleur remède est toutefois conseillé. Prenez un bon grog ou un vin chaud et mettez-vous au lit en ayant soin de mettre le plus de couvertures sur vous. Le remède consiste à suer une bonne partie de la nuit jusqu'à ce que votre pyjama soit trempé de sueur. Ce traitement n'est pas agréable, certes, et il faut beaucoup de volonté pour y résister. Mais le lendemain matin, votre fièvre sera tombée, je vous le garantis !

Contre les ulcères et cancers :

On pensait autrefois, dans les campagnes, que le mal pouvait se guérir par l'application d'un crapaud vivant posé sur l'endroit atteint, en le séparant par un linge fin, ou tout simplement la peau d'un crapaud appliquée en cataplasmes.

Contre les hémorroïdes :

On guérissait autrefois les hémorroïdes en mettant des marrons d'Inde dans la poche. L'interprétation actuelle voudrait que les particules libérées par ce fruit aillent dans le sang, apportant ainsi par le courant veineux le calmant nécessaire au gonflement anal. Il faut croire qu'il est justifié puisque la pharmacopée actuelle utilise une solution d'intrait de marron d'Inde.

D'après certains guérisseurs, on peut aussi confectionner un onguent avec du saindoux et des coquilles d'huîtres finement pilées ou encore de la graisse d'anguille sur l'endroit douloureux.

Contre la bronchite chronique :

Dans les campagnes, on faisait avaler de la bave d'escargot et, à la rigueur, l'escargot lui-même débarrassé de sa coquille, pour combattre la bronchite et même la coqueluche. Il est encore à signaler que la médecine moderne prescrit un sirop à base d'escargot, produit évidemment commercialisé sous un nom médical fantaisiste et portant une formule déguisant en produits chimiques correspondants, cette bave d'escargot qui pourrait répugner le malade.

Contre les morsures de vipère :

On conseille cette formule : « *Tu prendras neuf feuilles de ronces et de la graisse de porcelet, et tu frotteras la plaie de chaque feuille, jusqu'à neuf, en mettant un morceau de graisse dessus, tu guériras et la bête périra.* »

Une autre formule plus simple consiste en une compresse de tiges de verveine cuites dans le vin.

Contre les dartres :

On utilise la joubarbe broyée dans de l'huile de noix avec de la farine d'orge.

Contre le hâle :

Se frotter le visage avec une pommade d'amande douce, de cire et de camphre. Chaque plante dépendant d'une planète, il est à rappeler, entre autres, que la quintefeuille mercurienne calme les névralgies dentaires et active la cicatrisation des plaies. La renoncule de l'espèce sceleratus, sur le plan solarien, a pour effet bien connu de faire éternuer et pleurer. Si le phénomène se répète plusieurs fois, absorbée, elle calme en provoquant une contraction de la bouche et des joues. Quant à la jupitérienne jusquiame, utilisée en cataplasme, elle remédie aux ulcérations du sein.

Contre les cors aux pieds :

D'après d'anciens guérisseurs, il suffit d'imbiber un linge de sang menstruel qu'on utilisera en cataplasme autour du cor. Celui-ci doit disparaître au bout de quelques jours.

Contre le mal aux dents :

Piler de la sauge avec de la marjolaine, en parts égales, dans du vinaigre et du poivre. Autrefois, on préconisait l'application de feuilles de tabac. D'autres préconisaient de les chiquer, procédé toujours répandu à notre époque dans les campagnes. Un procédé plus simple est toujours conseillé au sujet de gencives irritées : mélanger une cuillérée à soupe de bicarbonate de soude et d'eau oxygénée à 10 volumes. Faire trois bains par jour et frotter légèrement avec une brosse à dents. Le procédé est très efficace.

Contre le stress :

Il est conseillé de porter sur soi une petite poignée de pois chiches secs.

Contre l'anémie :

Deux procédés ont été utilisés depuis des siècles dans les régions du sud de la France. Le premier, toujours appliqué par certains, consistait à mettre 40 morceaux de sucre dans un litre de vin où l'on plongeait ensuite un tisonnier rougi au feu. On devait en boire un verre par jour. Le deuxième est moins répandu. Il consistait à mettre une poignée de clous dans un demi-litre d'eau pendant neuf jours. L'eau ferrugineuse ainsi obtenue était considérée comme un fortifiant.

Contre l'insomnie :

Je conseille, personnellement, le traitement suivant : vous versez environ 100 grammes de sel de cuisine dans une serviette fine, pliée en deux ou en quatre et dont vous cousez ensuite les bords. Vous mettez la serviette, bien étalée, sous votre oreiller et vous la laissez toute la nuit. J'utilise ce procédé en période d'insomnie et ma femme aussi. Je le conseille à tous les insomniaques. Il est possible que la première fois, cela ne marche pas comme on le désirerait, mais le lendemain, ou le surlendemain, cette magie fera son effet.

Contre les hémorragies :

Sanguis, mane fixus in tua vena sicut christus in sua poena. Sanguis, mane fixus, sicut Christus quando fuit crucifixus.

Cette formule doit être dite par le malade, et cela, bien entendu, en dehors des soins médicaux qui lui seront procurés. La formule aide également à la cicatrisation de la plaie.

D'autres sorciers guérisseurs conseillent cette conjuration accompagnée de nombreux signes de croix.

U Curat, cara, sarite confirma consana imaholite, Sépa U sepaga U sapagoga U sang arrête-toi. Tout est consommé, au nom de Père U podendi U et du Fils U pendera U et du Saint Esprit U pandorica U Amen.

Je signale que cette formule s'applique à la fois aux hommes et aux animaux.

Pour cicatriser une plaie :

Cela peut vous arriver à chaque instant. Si vous vous blessez, même légèrement, si vous êtes loin de chez vous et que vous n'avez aucun bactéricide sous la main, vous pouvez cicatriser votre plaie en utilisant votre urine. Certains chercheurs nous apprennent, en effet, que l'urine contient des bactéricides très actifs. Ce procédé a longtemps été utilisé dans les campagnes où l'on faisait également appel à des toiles d'araignées dont on connaît le pouvoir de désinfection et de cicatrisation.

Contre les blessures et les plaies :

On conseille de faire macérer dans de l'eau-de-vie, pendant trois jours, des pétales d'arnica ou des feuilles de lys ou tout simplement du lard fondu avec de l'avoine cuite.

Contre les saignements de nez :

On peut utiliser un fil rouge serré autour du petit doigt gauche, s'il s'agit de la narine gauche ou du droit s'il s'agit de la narine droite. On peut encore appliquer un fil rouge en cas de rhumatisme, autour de la partie douloureuse. Cette pratique, très efficace, et surtout connue en Languedoc.

Contre la jaunisse :

On recommandait de mettre un œuf dans un verre et de l'arroser de jus de citron : la coquille se dissout et le produit obtenu est additionné de café fort bien sucré. Ce remède est toujours utilisé dans le sud de la France contre les troubles hépatiques.

Contre le rhume :

À condition que le rhume soit traité à son début, on conseille de tremper un coton-tige dans de l'alcool à 90°, et d'en respirer ainsi l'émanation, une narine après l'autre. Cela dégage immédiatement. Aussi curieux que cela puisse paraître c'est un médecin de mes amis qui me l'a indiqué. Et Dieu sait s'il n'aime pas les guérisseurs !

Contre l'urticaire :

Cela remonte assez loin dans le temps. Il est dit de faire un lavement d'un demi-litre d'eau où l'on a ajouté une cuillérée à soupe d'eau oxygénée à 20 volumes. Le remède est radical. C'est le docteur Fournier, à Béziers, qui me l'a indiqué. Depuis le jour où j'ai utilisé ce procédé, je n'ai jamais plus eu d'urticaire. Il est heureux de constater que des médecins de grandes notoriétés acceptent des disciplines paramédicales qui sont simples et qui n'utilisent, bien entendu, un tel produit barbare à la composition « magique ».

Contre l'insolation :

Cela est courant, surtout l'été à la plage. Le procédé est connu depuis longtemps et on l'utilise encore. Vous prenez un verre rempli d'eau que vous bouchez avec neuf linges fins, bien retenus par un élastique ou un fil. Vous renversez le verre et vous l'appliquez sur le crâne. Au bout d'un moment vous verrez apparaître des bulles dans l'eau comme si elle bouillait. N'enlevez le verre que lorsque les bulles ont disparu. Le soulagement a lieu dans les minutes qui suivent.

Contre le mal aux jambes :

Pour certaines personnes, cela se produit surtout la nuit. C'est le cas de ma femme. J'ai eu la chance de rencontrer un soir, à Montpellier, le Pr R. de la Faculté de Médecine. J'en ai profité pour lui parler de son cas, et j'ai eu la surprise de m'entendre donner une prescription pour le moins bizarre et à laquelle j'étais loin de m'attendre. Il suffisait, me disait-il, de mettre dans le lit, et entre les pieds de ma femme, une simple pierre de savon de Marseille. D'après ce brave professeur, le mal aux jambes dont souffrait ma femme était dû à un manque de potassium dans le sang. Comme il y a de la potasse dans le savon de Marseille, les ions diffusés pénétraient dans les jambes par les pores de la peau apportant ainsi le « médicament » idéal.

« Bien entendu, m'a déclaré le Pr R, je ne prescris pas ce « médicament » à mes malades, ils me prendraient pour un fou. » Et on le comprend ! Ce traitement ne guérit pas, certes, mais il soulage efficacement, et ceux ou celles qui l'utilisent sont assurés de dormir en toute tranquillité.

Voici encore quelques vieilles recettes issues de traditions populaires.

Chacun est libre de les essayer. Les taux de réussite, nous dit-on, dépendent du tempérament de chacun.

En amour :

1. Pour attirer l'âme sœur, voici un rituel facile à exécuter. Il est conseillé de prendre un bain en ajoutant dans l'eau une tasse de lait et 21 pétales de rose. Vous récitez l'incantation suivante : *« Je demande à la déesse de l'amour et à la grande puissance de la nature de m'aider à attirer l'amour que je désire. Ainsi*

soit-il. » Ce rituel doit obligatoirement avoir lieu un vendredi soir.

2. Si vous désirez obtenir une affection, il vous suffira au moment où vous serez en présence de la personne que vous désirez, de la regarder bien en face, droit dans les yeux, et de prononcer lentement *« Kaphe, Kasita, non Kapheta et puplica filii omnibus suis.* » Ce rituel, même s'il paraît extravagant, possède toutefois un sens occulte puissant. Il est extrait du traité méthodique de Magie Pratique du grand Papus (Dr Gérard Encausse). D'après les magistes, il est très efficace.

3. Pour favoriser les rencontres amoureuses, le Vaudou fait appel aux soucis (à porter sur soi en sachet dans une poche autour du cou). On peut aussi utiliser la verveine connue depuis longtemps pour être une plante d'amour. On peut la préparer de différentes façons : en simple infusion ou en poudre que l'on fait brûler sur des charbons ardents. Le procédé procure un nouvel amour ou fait revenir l'être aimé, en cas de discorde.

Si vous avez un mari ou une femme volage, il faudra saupoudrer le dessous du lit, et surtout sous l'oreiller conjugal, avec du cumin en poudre.

Toujours selon le Vaudou, voici une autre recette qui se réalise avec un mélange de sel gemme, de menthe et de cannelle où l'on ajoute une quantité égale de lavande et de rose. Une fois le mélange obtenu, prendre une cuillérée à café de poudre que l'on verse dans un verre d'eau pure. On laisse diluer trois jours et l'on verse le tout dans un bain chaud. Vous attirerez l'amour dans de très fortes proportions. Vous pouvez brûler l'encens obtenu par la première manipulation, chez vous, avant de vous coucher, sauf dans la chambre.

4. Par contre, si vous désirez mettre un terme à l'amour (coupable ou non) que ressent une personne pour une autre, un grimoire cité par Aleister Crowley (le plus grand des mages modernes) nous dit qu'il suffit d'utiliser le sperme ou les sécrétions vaginales que l'on fera brûler et dont on dirigera la fumée vers un linge intime de la personne visée.

AUTRES APPLICATIONS :

Protection contre les personnes suspectes :

Si vous pensez qu'une personne vous fait du mal et que cela vous touche, touchez là aussitôt plus haut qu'elle ne l'a fait sur vous. On médit de vous, on vous veut du mal ? Très simple, faites comme le bon roi Dagobert, mettez un de vos vêtements à l'envers, ou retournez carrément le poignet gauche de votre chemise ou de votre pull-over, comme on le fait encore dans le Languedoc, notamment à Balaruc.

Pour gagner au jeu :

Il existe une recette assez curieuse, mais valable aussi pour réussir en affaires et en toutes circonstances. Vous écrivez sur du parchemin vierge les mots et croix qui suivent : *U Ibel, U Laber, U Chabel, U Habet, U Rabel.* Ce parchemin, vous devrez le porter sur vous.

Pour accroître la chance :

Si vous désirez le succès, l'admiration et le respect, ou tout simplement trouver une promotion, le Vaudou vous conseille d'utiliser la fougère mâle en poudre que vous placerez dans un petit sachet de tissu jaune et que vous porterez autour du cou. Le Vaudou conseille également la poudre de moutarde noire pour attirer la chance et gagner des procès. Il suffit d'en mettre quelques graines dans ses poches. De bons résultats sont obtenus avec ce procédé.

Le Vaudou conseille encore de prendre de la verveine et de l'hysope en parts égales et que vous mélangez avec un volume d'huile deux fois plus important. Laissez reposer trois jours. Le produit que vous obtiendrez sera appliqué, selon le rituel, derrière les oreilles. Ce procédé attire succès matériels et succès spirituels.

De son côté, Zelda propose de prendre une corde bleue et de faire sept nœuds en disant : *« Chacun des nœuds contient la chance dont j'ai besoin, dame fortune y veillera et en prendra soin. Qu'il en soit ainsi. »* Si un jour vous avez besoin d'une chance, dénouez un des nœuds en répétant l'invocation.

Si vous attendez des rentrées d'argent :

Le Vaudou vous propose un excellent moyen de faire payer vos débiteurs ou de vous faire rembourser de certains prêts. Vous prenez une poudre composée moitié Coriandre et moitié Fenouil. Vous faites brûler l'encens obtenu sur des charbons ardents et vous passez dans la fumée dégagée toutes les quittances, factures ou autres dont vous disposez. D'après le Vaudou, l'effet est garanti.

Pour éloigner les mauvais esprits :

Si vous pensez que votre maison est la proie d'esprits malins, il faut répandre du gros sel aux quatre angles de chaque pièce et autour de votre habitation. Vous accompagnerez ce rituel en répétant : *« Par le pouvoir de ce sel que je répands, j'ordonne aux esprits malins de passer leur chemin. »*

Pour conjurer le mauvais sort : allumez une bougie noire et faites brûler de l'encens de bois de santal. Vous découpez deux longueurs de fils rouges et noirs que vous enfilez dans une grosse aiguille que vous passerez ensuite dans chaque cabosse d'ail que vous aurez préparé (neuf têtes) en disant chaque fois : *« Mauvais sort va-t'en, diminue et meurt de faim. À mesure que le cycle de la lune prend fin, Mauvais sort fiche le camp. Qu'il en soit ainsi. »* Le collier d'ail devra être placé dans la pièce principale de votre habitation. À la nouvelle lune, vous le prendrez et l'enterrerez dans un terrain abandonné ou au pied d'un arbre mort. Le mauvais sort mourra lui aussi (selon le rituel présenté par Zelda).

Pour se débarrasser des gêneurs :

Le sureau est tout indiqué. Il est conseillé d'en porter sur soi dans un petit sachet de tissu vert, ou simplement d'en répandre la poudre dans tous les coins de la maison. Vous éviterez ainsi toutes sortes d'intrusion.

Si quelqu'un vous ennuie et vous pose des problèmes, le Vaudou conseille de semer devant sa porte du poivre en poudre. Il sera tellement occupé par ses propres problèmes qu'il ne s'occupera pas de vous. La poudre de moutarde noire pourra aussi être semée devant la maison où loge votre ennemi. Vous lui procurerez encore assez d'ennuis pour qu'il vous laisse tranquille.

Dans certains cas, la Magie Noire est toujours présente

La Magie noire propose un mélange d'essence de myrrhe et de cyprès en parts égales pour attirer l'esprit des morts. La poudre brûlée est très dangereuse, et même très puissante, à tel point que le néophyte court le risque de se faire piéger par de mauvais esprits de l'au-delà qui pourront lui faire perdre son contrôle.

Je signale que le procédé n'est réservé qu'à ceux qui s'intéressent activement à la haute sorcellerie. Il faut tracer un cercle à la craie, sur le sol, et placer quatre bougies blanches allumées aux quatre coins cardinaux. Il faut se concentrer sur l'action désirée et prononcer obligatoirement l'invocation suivante : *« Je t'offre ma victime, ô grands Adonay, Ellome, Ariel et Jehovam et cela en l'honneur, gloire et puissance, de ton être supérieur à tous les esprits ; daigne, ô grand Adonay, la prendre pour agréable. Amen.* » Chaque mot doit être pensé profondément.

Nous avons là une magie reconnue comme l'une des plus dangereuses qui soient et je préviens le lecteur qui désirerait l'expérimenter, que c'est, bien entendu, à ses risques et périls.

Chapitre 18

Les miroirs magiques

Tout a commencé avec l'eau

À Babylone, le Pays-d'Entre-les-Fleuves (2e millénaire avant J.-C.) on traduisait les songes en versant quelques gouttes d'huile dans un vase rempli d'eau. Si deux cercles apparaissaient sur l'huile, l'un grand, l'autre petit, la femme du consultant mettrait au monde un garçon ou, s'il s'agissait d'un malade, le malade guérirait. Si l'huile formait des pointes à droite et à gauche, la femme du consultant serait infidèle et le quitterait. Si, dans l'eau… etc.

Cette divination imagée avait pourtant des racines dans l'antiquité égyptienne, une divination qui se transforma en magie rituelle. Voici ce que nous lisons sur un papyrus :

> « *Tu iras en un endroit purifié. Prends une coupe de bronze, lave-là avec de l'eau purifiée par du salpêtre. Jettes-y une goutte d'huile et place la coupe par terre. Allume une lanterne de bronze et place-là par terre à*

côté de la coupe. Recouvre-toi d'un voile et récite sept fois cette évocation les yeux fermés : « Je suis Pnebbaï, Oritsimbaï, Somatsir, Épisghes, Emmine, Thoghomphrour, Phirimphouni », etc. Quand tu ouvriras les yeux, demande ce que tu désires. Si tu veux que les dieux te parlent par le vase, crie : « Iav, Ieph, Eoë, Ginthour, etc. »

Jamblique pensait que l'eau suffisait à cette divination

Voici ce qu'il dit : *« Parfois, on se sert de l'eau que sa transparence dispose par nature à recevoir la lumière. D'autres fois, on fait éclairer une paroi en préparant un réceptacle excellent grâce à des caractères sacrés inscrits. Tout ceci met en jeu un processus que l'on pourrait appeler la conduction de lumière. Celle-ci éclaire d'une lumière divine la partie aethérée de l'âme, ce qui provoque la vision d'images divines au sein de notre puissance imaginative émue par la volonté des dieux.* (Jamblique, *Les Mystères d'Égypte*).

Bien des siècles plus tard, le célèbre Cagliostro utilisait aussi le miroir d'eau par évocation, des images magiques, disait-on, défilant dans une carafe remplie d'eau et placée entre deux cierges allumés.

Les miroirs magiques sont venus plus tard

La magie musulmane en fit d'ailleurs un très grand usage, mais comme le miroir de verre était encore inconnu, le miroir était en métal poli : argent, bronze, or ou électrum. Les musées occidentaux ont, d'ailleurs, conservé pas mal de ces miroirs magiques en métal, dont beaucoup portent deux figurines de sphinx et ces mots : *« Gloire, longue vie, fortune, éclat, élévation, louange, bonheur, excellence, pouvoir, prospérité, puissance et bienveillance à tout jamais à celui qui me possède. »*

D'autres portent, en plus de signes magiques et astrologiques, les noms des quatre archanges : Gabriel, Michel, Azraël et Asfarel. Ainsi, après avoir récité prières et oraisons convenables, l'ange apparaît et l'on peut lui adresser sa demande.

Mais le démon peut aussi se manifester dans un miroir magique. Cette divination, appelée cristallomancie (ou catoptromancie) partait de l'idée que les démons avaient élu domicile dans les miroirs et qu'ils se trouvaient tout disposés à répondre à l'appel du magicien. C'est ce que l'on retrouve, d'ailleurs, dans les *Contes des Mille et une Nuits* et, plus près de nous, dans la fantastique histoire de « Blanche Neige » que l'on raconte encore à nos enfants.

> *« Petit miroir, mon miroir joli Qui est la plus belle du pays ? » demandait inlassablement une reine jalouse de la beauté des autres, « C'est vous et vous seule, Majesté », répondait le miroir. Mais, un jour, le miroir lui dit : « Avec ses lèvres de rose, ses cheveux d'ébène Son teint de neige C'est Blanche Neige. »*

Amusant, certes, mais si les contes ont toujours reflété l'esprit d'une époque, de vieilles croyances enracinées ont toujours porté sur l'existence de forces invisibles. Et c'est ainsi qu'en dehors des démons, on faisait appel à des anges planétaires, comme l'enseignait Agrippa. Il convenait donc, selon lui, de toujours éprouver l'esprit avant de savoir s'il était pur ou impur.

En réalité, qu'en est-il ?

En réalité, il ne s'agit pas d'images réfléchies par le miroir, mais d'auto-hypnotisme, les métapsychistes ayant depuis longtemps démontré l'étroite parenté qui existe entre l'hypnose et la clairvoyance, ce qui pourrait expliquer les visions dans le miroir magique.

Certes, l'attrait de deviner le futur a toujours pénétré les hommes, et l'on comprend que l'usage magique de ces miroirs ait été largement répandu, surtout au Moyen-Âge. Mais l'utilisation de ces miroirs ne se limitait pas aux phantasmes du futur. Si l'on en croit Pythagore, c'était aussi un moyen de liaison avec des événements s'effectuant à grande distance, ce qui annonçait déjà les vidéophones actuels, à condition, toujours selon Pythagore, que le miroir soit présenté à la pleine lune dans certaines conditions, celle-ci faisant office de réflecteur et de transmetteur.

Nous n'avons pas d'autres explications sur ce procédé qui nous paraît bien nébuleux, mais dans l'Occident barbare et chrétien, le globe de cristal est encore un instrument de vision qui nous semble moins discutable, puisqu'il devient un support à la pensée anticipative. Le plus ancien objet de ce genre a été découvert en 1653 dans la tombe de Childéric 1er (436-481) père de Clovis, qui fut le premier unificateur de notre pays. Il s'agissait d'une boule de verre d'environ quatre centimètres de diamètre. D'autres boules de verre ont aussi été découvertes dans de nombreux tombeaux mérovingiens et même saxons.

Précisons que ce procédé est toujours utilisé de nos jours par des voyants qui considèrent que les reflets de la réalité disparaissent pour laisser place à d'autres images lesquelles déclenchent l'« imagination » et s'imposent en fonction de la projection de ce que révèle l'inconscient. Ces interprétations pouvant concerner la situation présente d'un sujet, sa santé ou encore son avenir.

C'est à la Renaissance que les miroirs divinatoires connurent leur grande vogue

Il eut été étonnant que Catherine de Médicis ne s'y fut pas intéressé, quand on sait que cette reine s'adonnait à la magie noire de même que Charles IX, François II, Henri III, et même Henri IV, à qui le jésuite Pierre Cotton faisait voir dans un miroir étoilé ce qui se passait dans la cour et les cabinets de tous les princes.

Catherine de Médicis tenait son miroir du magicien attitré Cosmo Ruggieri. Ce miroir lui fit un jour apparaître, au cours de cérémonies rituelles, des têtes couronnées qui défilaient et disparaissaient. Le roi François II, le premier fils de Catherine, n'y passa qu'une fois, son frère Charles quatorze fois et enfin Henri III, avec quinze apparitions, toutes s'effaçant pour laisser la place à celui qui allait devenir Henri IV. Certains ont prétendu que Ruggieri s'était servi d'une lanterne magique comme il en existait déjà à cette époque, d'autres qu'il avait hypnotisé la reine. Tout cela est fort possible, mais comment expliquer que le nombre des apparitions des trois futurs rois, concordèrent avec leurs années de règne ? Ruggieri avait-il le don de prophétie et connaissait-il la destinée de la famille royale ?

Personne ne peut le dire et nous resterons sur le mystère de la cristallomancie qui se perpétue de nos jours avec la boule de cristal laquelle, depuis le XVIe siècle, semble avoir pris le relais de miroir magique.

Le miroir magique d'après Papus

Le docteur Encausse, plus connu sous le nom de Papus, nous rapporte dans son *Traité de Magie Pratique*, d'importantes informations sur la manière d'utiliser un miroir magique. Sur une surface légèrement concave, luisante et bien polie, on écrit aux quatre coins, les noms suivants avec le sang d'un pigeon mâle blanc :

Jehovah *Mittraton*
Elohim *Adonay*

Il importe que le miroir soit enveloppé d'un linge neuf, blanc, et que l'opérateur le présente à la nouvelle lune montante en disant : « *Ô Éternel, Ô Roi éternel ! Dieu ineffable qui avez créé toutes choses. Pour l'amour de moi, regardez- moi et considérez mon intention pure. Daignez m'envoyer votre ange Anaël sur ce miroir et qu'il mande, commande et ordonne à ses compagnons, vos sujets que vous avez fait, Ô Tout Puissant qui avait été, qui êtes et qui serez éternellement. Qu'en votre nom, ils prient et agissent dans la droiture pour m'instruire et me montrer ce que je leur demanderai.* »

Le miroir est ensuite présenté à une fumée parfumée de safran. On répète trois fois encore l'oraison et cette opération est réitérée jusqu'à l'apparition de l'ange. Cela peut aller jusqu'à 45 jours au maximum. L'opération terminée, il ne faut pas oublier de remercier l'esprit qui a bien voulu se rendre à nos désirs : *« Je vous remercie Anaël de ce que vous êtes venu et que vous ayez satisfait à ma demande. Allez-vous en en paix et revenez lorsque je vous appellerai. »*

Êtes-vous superstitieux ?

Tout le monde connaît cette menace de sept années de malheur si nous cassons un miroir. Certains chercheurs ont voulu expliquer par là que tous les sept ans, nos cellules se régénérant, notre corps subit un changement complet. En reflétant l'apparence d'une personne dans son état de santé, on pourrait alors penser qu'il s'agirait d'augurer sept ans de maladies ou de malchance si le miroir se brise.

L'explication n'est peut-être pas celle que nous attendons, mais je pense qu'il ne faut pas toujours s'attacher aux superstitions, même s'il en existe qui nous surprennent et nous inquiètent. À ce propos, je puis assurer à mes lecteurs que j'ai, dans ma vie, cassé au moins une vingtaine de miroirs. Il est vrai que je suis très maladroit. Certes, j'ai eu des ennuis comme tout le monde, mais je puis assurer aussi que tous ces miroirs brisés ne m'ont pas rendu plus malheureux que les autres. Au contraire, je pense même être un homme heureux. Alors ?

Chapitre 19

Les horloges de la mort

Encore des questions sans réponse : quel lien peut-il y avoir entre une horloge et un être humain ? Quelle explication apporter au fait que bien des horloges s'arrêtent quand leur propriétaire décède ?

On serait tenté de parler de coïncidences, mais l'examen des milliers de cas ayant un rapport avec les arrêts des horloges et la mort de personnes ayant succombé au même instant, nous inciterait plutôt à trouver un lien de cause entre les deux événements. Mais quel lien ?

Des chercheurs ont avancé plusieurs hypothèses : télékinésie, force supra normale consciente ou inconsciente, intervention depuis l'au-delà, mais aucune ne semble présenter une valeur théorique. Alors de quelle étrange magie s'agit-il ?

Prenons quelques exemples

Les anglais vous diront que la pendule de Guillaume IV, en Angleterre, s'est arrêtée brusquement à l'heure de sa mort et que le carillon de la tour de Balmal a fait de même lorsque la reine Victoria a rendu son dernier soupir. En France, on nous parle de la superbe horloge que Louis XV avait, un jour, offerte à l'un de ses intimes et qui, elle aussi, s'arrêta au moment précis où mourrait son propriétaire.

Des exemples, plus intimes, plus anonymes, peuvent être ajoutés. Dans un restaurant parisien renommé des Champs-Élysées, il nous est dit que la vieille horloge qui avait été installée dans l'établissement, en 1922, le jour de sa création, s'arrêta au moment même où mourait son propriétaire.

Continuons. Un commerçant lyonnais, Monsieur G. H., fait cadeau à un de ses amis, un grand collectionneur, d'une magnifique horloge appelée « œil-de-bœuf. » Celui-ci l'accroche dans sa chambre, mais, une nuit, il se réveille étonné de ne plus entendre le joyeux tic-tac. Il se rendort et le lendemain matin il remarque que les aiguilles, sur le cadran, se sont bloquées à 4 h 20 ! Il ne comprend pas, remonte l'horloge, mais quelques instants plus tard le téléphone sonne et on lui annonce la mort brutale de son ami. Et cette mort s'était bien produite à 4 h 20 !

Un autre cas? C'est celui d'une personne qui, en période de vacances, va s'installer dans la maison de campagne que possède son frère aux environs de Cannes, ce dernier étant en voyage. Mais voilà qu'un jour il s'étonne de voir que l'horloge de la cheminée est arrêtée. Il consulte sa montre et constate qu'elle vient à peine de s'arrêter. Ce n'est que le lendemain matin qu'il apprend, la mort de son frère et de sa belle-sœur en voyage en Thaïlande. Le car qui les transportait s'est écrasé dans un ravin ; cette fois encore l'horloge indiquait bien l'heure où l'accident s'était produit !

Un exemple personnel

Il s'agit de mon frère dont la mort semble liée à une sonnerie d'horloge. Mon frère est mort le lundi de Pentecôte 2000. Je n'avais aucune nouvelle de lui depuis quelque temps et ce jour-là ma pensée était accaparée par le travail que j'effectuais, tout cela pour bien préciser que je ne pensais nullement à lui. Il était, je me souviens, 14 h 15. À cet instant, j'ai eu l'impression que la sonnerie de ma pendule avait un timbre différent, peut-être un peu plus fort que d'habitude. Je suis toujours incapable d'en expliquer les raisons, mais j'ai aussitôt pensé à mon frère. J'ai composé son numéro et j'ai trouvé ma belle-sœur affolée, car on venait juste de lui apprendre la mort de son mari survenue lors d'une escalade en montagne. J'ai appris par la suite que l'accident avait eu lieu à 14 h précises, et je me suis alors rendu compte que ma pendule avait déjà sonné les deux coups de 14 heures lorsque mon frère est mort « L'avertissement » n'a donc pu se faire qu'un quart d'heure plus tard. Une sonnerie inhabituelle, comme je n'en avais jamais entendu !

Sonneries, présages de mort ?

Comme on le voit, les sonneries peuvent aussi jouer leur rôle. On sait, en effet, que des pendules ont sonné 13 coups, c'est-à-dire sonnant le quart en même temps que l'heure (soit midi, soit minuit) comme cela s'est produit avec le Big ben de Londres qui annonça ainsi la mort du prince Georges en novembre 1892.

Une vieille tradition nous dit qu'une horloge qui sonne treize coups est un présage de malheurs et « attire le diable dans la maison ». De toute façon, ces phénomènes semblent intentionnels, comme s'ils étaient destinés à avertir, à prévenir d'un événement de mort.

Mais qui dirige ces phénomènes ? Comme on le comprend, cela échappe à la sorcellerie ou à une quelconque magie. On aurait plutôt l'impression de se trouver en présence d'un phénomène qui puiserait sa propre magie, non point dans le « surnaturel », mais dans une force qui échappe à notre entendement et qui n'appartient à aucun système physique ou spirituel connu.

À partir de là toutes les superstitions sont permises.

Selon la légende bretonne, trouver une montre vous annonce une journée, désagréable, mal chanceuse, et entendre sonner l'horloge d'une église au moment de l'Élévation est considéré comme un signe de mort. On vous dira aussi qu'il ne faut jamais poser une pendule devant un feu, cela porte malheur, alors que placée sur une cheminée, elle est bénéfique. Et attention encore si vous cassez une pendule, cela annonce beaucoup d'ennuis, surtout si vous en brisez le verre, cela vous avertit de la mort d'un parent ou d'un ami.

On peut aller plus loin dans le « surnaturel et le fantastique ». À ce propos, je rappellerai simplement l'incroyable histoire d'Oswald Biber, cet horloger d'origine russe qui se servait d'une horloge magique pour rajeunir ses clients. Pour cela, il utilisait des fragments de peau et un peu de sang qu'il plaçait dans son horloge. Il suffisait ensuite de la faire fonctionner à l'envers. D'après la légende (mais est-ce bien une légende ?), certains clients de l'horloger avaient réellement rajeuni et étaient redevenus des enfants. Difficile à croire, bien entendu, mais il nous est aussi précisé qu'un autre horloger qui, bien plus tard, s'installa dans cette boutique, conserva sa jeunesse pendant plus de 40 ans !

Le plus curieux dans cette histoire c'est que le nom de Biber, le premier horloger, était l'un des noms d'emprunt du célèbre Cagliostro, ce fameux alchimiste, guérisseur et franc-maçon dont le vrai nom était Joseph Balsamo. Ne dit-on pas à son sujet qu'il possédait une remarquable longévité ? On a même parlé d'immortalité, mais allons, allons, ami lecteur, restons-en là ! Toutefois rien ne vous empêche de surveiller votre pendule, on ne sait jamais !

Chapitre 20

Histoires abominables à ne pas raconter

Si l'Histoire est faite d'opinions contradictoires, la Magie reste fidèle à elle-même, quelles que soient les latitudes et les périodes. Elle a toujours eu une très forte influence sur les esprits, provoquant, selon les uns et les autres, sourire ou crainte, dédain ou admiration, sans oublier les plus vertueux des hommes d'État qui ont toujours eu recours à l'astrologie pour asseoir ou consolider leur pouvoir.

La Magie Noire, c'est autre chose, et les quelques anecdotes que je rapporte dans ce chapitre ont, en dehors de leur triste authenticité, un caractère qui, souvent, dépasse par leur horreur l'entendement humain. Ce qui m'autorise à prévenir le lecteur sensible et émotif, d'éviter la lecture des derniers passages qui sont vraiment très éprouvants. Mais l'Histoire est ce qu'elle est et les hommes sont ce qu'ils sont.

L'impératrice et le gladiateur

À commencer par le célèbre empereur philosophe Marc-Aurel. Le vertueux chef romain, qui s'adonnait aux arts magiques, apprend un jour que sa femme, Faustine, est tombée amoureuse d'un beau gladiateur considéré comme une véritable « star » de l'arène que l'on dit invincible et même redouté. Mais Faustine qui connaît le danger que cette liaison lui fait courir, revient vers son époux et lui révèle son inconduite. Que se passe-t-il ? Un mage est appelé et celui-ci prépare un philtre qui libérera définitivement l'impératrice de cet amour importun.

Jamais dans l'Histoire un philtre n'a été aussi épouvantable dans sa simplicité, car, en fait, il fallait tuer le gladiateur et Faustine devait se baigner dans son sang ! C'est ainsi que les choses furent faites. Après ce rite abominable, l'impératrice reprit sa place officielle auprès de son illustre époux et ne pensa plus qu'avec horreur à son amour assassiné.

La femme, le mari, l'amant et le crocodile

L'Histoire qui suit, très officielle aussi, nous montre combien les Égyptiens, de leur côté, pratiquaient les actions magiques les plus noires. Dans un papyrus hiératique du Musée de Berlin (papyrus dit Westcar) il nous est conté que le pharaon Nebka le Juste avait, pour compagnon, son premier lecteur de livres sacrés, un nommé Webaoner.

Celui-ci, magicien dans l'âme, et respectueux des conventions a, un jour, connaissance de l'infidélité de sa femme. Celle-ci, en son absence, reçoit chaque soir un notable dans une résidence secondaire construite en bordure d'un étang et il apprend que chaque soir le notable descend à l'étang pour s'y baigner.

Il ne se fâche point et demande à son régisseur, tout scandalisé : « Apporte-moi la cassette en or et en bois d'ébène qui se trouve où tu sais. » En possession de la cassette, Webaoner prend de la cire et en forme un crocodile d'une longueur de sept pouces. Il récite une formule magique et dit à l'effigie : « Quand le notable viendra et se baignera dans mon étang, prends-le et entraîne-le au fond de l'eau » ; il remet ensuite le crocodile au régisseur en lui disant : « Quand le notable sera descendu dans l'étang selon sa coutume de chaque jour, jettes-y le crocodile derrière lui. »

Sans hâte, le magicien revient chez le pharaon tandis que sa femme, le soir même reçoit son amant et toujours dans les mêmes conditions. Le notable va se baigner, mais à ce moment-là le régisseur jette à l'eau le crocodile de cire, lequel, immédiatement, se change à un animal de sept coudées de longueur ! Le crocodile saisit le notable de ses mâchoires puissantes et l'entraîne sous l'eau.

Cela dura sept jours, sept jours durant lesquels le notable était toujours sain et sauf dans la gueule du saurien. Webaoner s'adressa alors au pharaon, son ami : « Plaise à ta majesté de venir voir le prodige qui s'est produit sous ton règne au sujet d'un notable et d'un crocodile. »

Tous deux se rendirent au bord de l'étang et le lecteur appela le crocodile qui sortit de l'eau et déposa sur la berge le notable épouvanté. Le pharaon l'était aussi, on le comprend, Webaoner le rassura, se baissa et saisit dans sa main le crocodile qui était redevenu de cire. Et il expliqua au pharaon ce qui se passait dans sa maison, entre sa femme et le notable.

Le pharaon réfléchit un instant, puis dit au crocodile : « Va, prends ce qui t'appartient. » Le crocodile redevint crocodile, saisit le notable et l'emporta au fond de l'eau. Personne ne l'a jamais revu. Nebka Juste ordonna ensuite qu'on se saisisse de l'épouse infidèle, laquelle fut conduite au fossé nord du palais. On la brûla, et l'on dispersa ses cendres sur l'étang.

Ainsi s'achève cette étrange histoire qui a du « charme », et dont la moralité indique qu'il y a toujours danger pour l'épouse d'un magicien, de tromper son mari.

La mort mystérieuse de Jeanne de France

Remontons le temps. Si nous nous penchons sur les écrits de l'ermite de Saint Flavit et des Dominicains qui ont recueilli ladite confession, il nous est dit que la reine Jeanne de Navarre, épouse de Philippe IV le Bel, aurait été victime des agissements maléfiques de l'évêque de Troyes, messire Guichard. Il nous est rapporté que pour assouvir la haine farouche qu'il portait à la souveraine, cet évêque fit appel à une sorcière appelée Margueronne de Bellevillette, ainsi qu'à l'ermite de Saint Flavit, dont le véritable nom est Regno de Langres.

Le procédé est connu. La sorcière façonne une figurine de cire qui, sous ses doigts, prend la forme d'une femme et qui va devenir l'image réduite de la reine de France. Sans tarder le moine et l'évêque percent le corps et la tête de l'effigie à coups d'aiguilles, une pratique diabolique que les deux hommes connaissent fort bien.

Selon le principe de répercussion et de correspondance analogique (phénomène expliqué plus haut), les résultats ne se font pas attendre. La reine tombe malade et doit garder la chambre. Mais les deux envoûteurs tiennent à un résultat rapide et définitif, d'autant qu'un grand médecin est auprès de la reine et que ces médications ont déjà eu quelques salutaires effets.

Il se passe alors une chose incroyable. Fou de colère Saint Flavit jette la figurine de cire au sol et l'écrase d'un coup de talon rageur : « Qu'elle aille au diable ! hurle-t-il, hors de lui. Qu'elle meure ! »

Dans sa confession, Saint Flavit déclare avoir ramassé lui-même les morceaux de la statuette et les avoir jetés dans la cheminée, au milieu des flammes.

L'Histoire rapporte que la reine Jeanne de France s'éteignit deux jours plus tard, le 2 avril 1305 d'un mal inconnu !

Charles IX et la Magie Noire

Au Louvre, toute la famille royale s'adonnait à la Magie Noire, notamment Charles IX, second fils de Catherine de Médicis lequel, d'après l'Histoire, aurait été envoûté par des gentilshommes Huguenot, qui tentèrent de le supprimer magiquement.

Il se serait alors adonné à une magie horrible et Bodin, qui nous a laissé en 1580 la Démonomanie des sorciers, rapporte qu'un nécromancien aurait, devant le roi, fait trancher la tête à un jeune enfant de 10 ans et que la tête, mise sur l'hostie, était capable de répondre aux questions qu'on lui posait ! Des textes nous rapportent aussi que Charles IX entra dans une rage folle en criant : « Ôtez-moi cette tête ! » Et il mourut ainsi, dans la folie.

Gilles de Rais

« Je ne puis dire avec exactitude combien d'enfants furent brûlés et tués, mais ils étaient au moins au nombre de six vingtaines par an. »

C'est ainsi que parlait, lors de son procès, Gilles de Rais, l'un des nécromanciens les plus célèbres de l'Histoire. Jamais procès ne fut plus insoutenable, jamais un homme n'avait avoué avec autant de froideur les tortures, crimes, et obscénités sans cesse répétés sur de jeunes garçons de tous âges, au point de faire hurler un membre du tribunal ! L'évêque de Nantes se leva, prit une étoffe et la jeta sur un crucifix accroché au-dessus des juges. Jamais vu pire dans l'horreur !

Gilles de Rais ! C'est à la fin de l'année 1430 qu'il commence à faire parler de lui. Il a combattu pour le compte du duc de Bretagne aux côtés de Jeanne d'Arc dont il est devenu le compagnon d'armes et qu'il a assistée, en juillet 1429, pour le sacre de Charles VII.

À 28 ans, il jouit d'une fortune colossale, il vient d'épouser une riche héritière uniquement pour son argent et voilà maintenant que l'un de ses parents lui lègue le château de Tiffanges, en Vendée. Mais il s'ennuie, la plupart du temps il est seul et s'enferme dans la bibliothèque du château où il se met à lire un compte-rendu merveilleusement illustré de Suétone, sur les empereurs romains. Il apprend comment certains d'entre eux, tels Tibère et Caracalla, trompent leur ennui avec des jeunes enfants, prenant un malin plaisir à les torturer, une fois dépouillé de leurs vêtements.

L'idée lui vint alors : pourquoi ne pas essayer ? Il commence le soir même avec un jeune garçon qu'il fait, dans la rue, appréhender par un garde. Il n'avait jamais, confessa-t-il plus tard, éprouvé autant de plaisir devant les supplications d'un enfant qui hurlait de douleur !

Sa passion favorite était d'attirer les enfants en les comblant de friandises, de bonnes paroles et de gestes paternels. Après quoi, il mettait l'enfant sur ses genoux, sortait un couteau de sa poche et tranchait la gorge du gamin qu'il tenait bien serré contre lui. Certains chroniqueurs ont affirmé qu'il abusait aussi de ses jeunes victimes avant le geste fatal, mais rien n'a jamais été prouvé à ce sujet. Il ne buvait pas leur sang, mais il l'aimait au point de s'en badigeonnait le corps dans une furie charnelle. Demeurent encore les accusations de sodomie par le tribunal ecclésiastique qui le condamna également pour hérésie, crimes et invocations des démons. On ne sait pas exactement combien d'enfants furent torturés par cet homme qui s'adonnait à la sacrilège adoration du diable. Entre 800 et 1000, a-t-on avancé lors du procès !

Toujours est-il qu'au bout d'un certain temps son plaisir s'émoussa et qu'il se lança dans la pratique de la Magie Noire avec son nouvel instructeur, un prêtre florentin du nom de Francisco Prelati. Avec l'aide d'autres mages, Gilles et Prelati procédèrent alors à l'invocation des démons avec sacrifices humains, mais cela ne dura pas durer, des rumeurs parvinrent jusqu'à l'évêque de Nantes et en juillet 1440 Gille de Rais fut arrêté à Machecoul, à la suite d'une accusation de sacrilège adressée au duc de Bretagne et au roi de France. C'est alors que l'on découvrit toutes les perversions et les crimes exécutés sur des enfants avec une cruauté obsessionnelle.

Des chroniqueurs ont pensé que loin d'être le monstrueux criminel que nous connaissons, Gilles de Rais aurait été victime d'une odieuse manoeuvre conjointe de l'évêque de Nantes et du duc de Bretagne qui le trouvaient fort gênant pour leur politique, et qui n'avaient d'autres idées que de s'accaparer ses biens. Cela va, bien sûr, à contre courant de l'opinion générale des historiens qui retiennent dans leur conclusion les aveux nets et précis proférés par Gilles de Rais, lui-même, lors de son procès.

Après sa confession, Gilles de Rais s'effondra, criant son repentir, suppliant le pardon de Dieu et des parents de ses victimes. Comment osait-il ? Personne n'a jamais pu connaître le fond de ses pensées. Toujours est-il qu'il fut pendu le 26 octobre 1440 et que la masse du peuple jeûna et intercéda pour son âme, après sa mort. Cela aussi, personne ne l'a jamais compris !

L'épouvantable magie du sang

Cette histoire est très éprouvante et j'ai eu moi-même beaucoup de mal à la rédiger dans sa terrible réalité, aussi conseillerai-je au lecteur sensible et émotif de sauter ce paragraphe.

Cette histoire se passe non loin de frontière espagnole, à Rioja, dans la soirée du 28 juin 1910. Le rapport que j'ai sous les yeux indique qu'un sorcier guérisseur du nom de Francisco Leona reçut un jour la visite d'un malade, tuberculeux au 3e degré, à qui il confia : « Le remède est simple, Satan vous aidera. Buvez le sang chaud d'un jeune enfant, enduisez-vous la poitrine de sa graisse et vous serez guéri. »

Le marché conclu, le sorcier guérisseur partit avec un ami à la recherche d'un enfant, le petit Gonzales, qu'ils trouvèrent en train de se baigner à la rivière toute proche avec ses petits camarades. Les deux hommes l'invitèrent à venir cueillir des fruits dans leur jardin, le gamin accepta et, en chemin, ils le saisirent et l'enfermèrent dans un sac. L'enfant, on le comprend se débattait, mais un coup sur la tête lui fit perdre connaissance.

Sans attendre, les deux hommes se rendirent chez le tuberculeux qui les attendait déjà prêt au sacrifice, un grand saladier dans les mains. La salle basse de la ferme est alors le théâtre d'une scène atroce, monstrueuse. Malgré ses supplications et ses appels au secours, l'enfant est suspendu au plafond par le milieu du corps et, sans se préoccuper de ses cris, le sorcier lui plonge sa longe navaja sous l'aisselle gauche, coupant net les artères qui affluent au cœur, et tout en faisant, à la manière d'une pompe, remuer le bras afin d'appeler le sang qui, à mesure qu'il coulait, était recueilli par la servante du sorcier dans un saladier et mélangé avec un peu de sucre.

Le malade se met alors à boire avec avidité, déclarant : « que sa vie est plus précieuse pour lui que le Paradis. » Et il continue à remercier Satan !

Mais ce n'est là que la première partie du traitement. L'enfant est encore vivant, il pleure, il a mal, il ne comprend pas et ne cesse de supplier ses bourreaux : « Ne me faites plus mal, j'ai mal… j'ai mal… j'ai mal… » Et sans l'écouter, on discute devant lui de ce qu'on va faire de son cadavre.

Au bout d'un moment l'enfant s'est tu, mais il respire encore, il faut l'achever. Les deux hommes lui écrasent alors le crâne à coups de pierres et c'est à celui qui frappera le plus fort, car l'enfant continue à remuer. Et puis, c'est fini, l'enfant est mort et il faut en terminer. Le rebouteux lui ouvre alors le corps du sternum au pubis et, ayant extrait les intestins tout palpitants, enlève la graisse que l'on s'empresse d'aller placer sur la poitrine du tuberculeux qui continue à se délecter du sang encore chaud. Le saladier est déjà vide.

Les restes de l'enfant sont jetés dans une fosse à purin et c'est ainsi que s'achève cette scène épouvantable dont l'horreur à révolté le monde civilisé. Les assassins ont été traduits en justice et sont morts en prison.

Concernant l'habitation du sorcier, où se sont certainement produites d'autres scènes aussi épouvantables, il est curieux de constater que celle-ci s'est écroulée dès qu'elle fut abandonnée par son propriétaire, comme si une malédiction avait pesé sur elle. L'imprégnation du mal existe en ces lieux impies et nous connaissons de nombreux cas de ce genre. L'un d'eux a d'ailleurs était signalé en 1976 dans le Bourbonnais et un autre encore en 1992 dans le haut Languedoc. Mais qu'on y prenne garde, même détruite l'habitation conserve son pouvoir maléfique et il n'est pas bon, par curiosité, d'aller flâner au milieu de ces ruines.

D'autres horreurs sataniques sont à signaler à notre époque :

Richard CHASE :

Le tueur en série Richard Chase, surnommé le vampire de Sacrameto, vivait dans la crasse et resta toujours persuadé qu'il était victime d'un complot. C'était un paranoïaque schizophrène très dangereux. Il déclara qu'on lui avait volé une artère pulmonaire, que sa circulation sanguine était interrompue et qu'il devait boire du sang pour survivre. Toujours la magie du sang !

Le 23 janvier 1978, poussé par le démon qui était en lui, il assassina une jeune fille, l'éventra, découpa les poumons, arracha les intestins, poignarda le foie et but le sang de sa victime mélangé à du yaourt. Après quoi il déféqua dans la bouche grand ouverte du cadavre.

En février de la même année, il s'en prend à un bébé de 22 mois. Afin de ne pas être dérangé dans ses actes, il l'emporte chez lui, le décapite, dévore le cerveau et boit le sang qui continue de couler (ces informations sont tirées du livre de S. Bourgon, *Le Vampire de Düsseldorf*, publié aux éditions Méréal). Échappant à sa condamnation à mort, il s'est suicidé dans sa cellule le 26 décembre 1980. Il avait 30 ans.

Jeffrey DAMER :

Jeffrey Dahmer était considéré comme le spécialiste du crime satanique même s'il a toujours nié avoir eu des « relations » avec Satan. Il invitait ses victimes à venir boire un verre chez lui et pour faire des photographies artistiques. Il mettait de la drogue dans le verre de la victime et tout commençait : relation sexuelle odieuse, suivie de tortures, puis la mort par étranglement. Sur le cadavre, il se livrait à des actes de nécrophilies, démembrement et consommation de diverses parties du corps cuisinées avec soin : pénis isolé sur une assiette et préparé avec de la salade et du homard, ou un morceau de cœur bouilli, organe apprécié par le nécroman.

Il a été assassiné dans la prison par un codétenu, en décembre 1994. Il avait 31 ans.

Hamilton-Albert FISH :

Avec lui nous atteignons les sommets de l'horreur, le paroxysme de la répugnance et du dégoût. Cet adorateur « des forces noires » était un cannibale mangeur d'enfants. Comme Gilles de Rais, il les séduisait en leur offrant des friandises ou quelques pièces de monnaie. Lorsqu'ils étaient réduits à l'impuissance, il les mutilait lentement avant de les violer. Les tortures duraient plusieurs jours et il prenait plaisir à entendre les malheureux enfants hurler de douleur.

Mais son cas est bien plus horrible que celui de Gilles de Rais. Voici un extrait du rapport officiel au sujet de la petite Grâce Bed, âgée de 10 ans, qu'il avait ravie à ses parents en leur faisant croire qu'il l'amenait à une fête d'anniversaire.

« Il l'entraîna dans une maison abandonnée, portant sur lui un paquet contenant une scie, un hachoir et un couteau à désosser de boucher. Dès qu'ils furent dans la maison, il commença à la battre et la saigna. Il recueillit le sang qui giclait de la gorge dans un vieux bidon. Il coupa ensuite le corps en trois, la tête et le tronc sectionné en deux. Il préleva des morceaux de chair et rentra chez lui les préparer avec des carottes et des pommes de terre, non sans avoir ajouté un bouillon Kub. Pendant plus d'une semaine, il alla s'approvisionner et continua à manger ses préparations, allongé sur son lit. Le cadavre commençait à faisander, recouvert d'une centaine de mouches, mais cela ne le gêna nullement. Il continua à varier ses recettes et déclara : *« Ces repas me mettaient dans un état d'orgasme perpétuel. »* Il a fallu de longues années avant que cet homme soit reconnu coupable, les enquêteurs étant tous persuadés qu'il s'agissait d'un homme inoffensif et nullement dangereux. Cet homme qui hurlait : « Heureux celui qui fracasse le crâne des petits-enfants », qui disait vouloir manger de la chair humaine les jours de pleine lune, qui introduisait des carottes et des saucisses dans l'anus de ses jeunes victimes avant de les manger, qui se fouettait lui-même jusqu'au sang avec une planche hérissée de clous, était défendu par des psychiatres qui ne voyaient en lui qu'un « psychopathe à caractère sexuel » ! (Je cite les mots exacts du rapport). Il a été électrocuté le 16 février 1936.

Hélas, le dossier est loin d'être clos, et nous nous en rendons compte chaque jour, nos enfants ne sont pas à l'abri de ces êtres monstrueux, voués aux forces noires, à l'imagination déréglée et qui restent un perpétuel danger sur le chemin de l'école, avec leur épouvantable cortège de morts défigurés et mutilés. Comme quoi Satan est toujours là.

Chapitre 21

Les pactes

Le pacte tacite passé avec le diable relève d'une pratique dont on espère un résultat ne procédant d'aucune loi naturelle, divine ou spirituelle. Les grimoires nous les décrivent avec toutes sortes de cérémonies accompagnées de formules consacrées et entremêlées de blasphèmes, le *Dragon Rouge*, surtout, qui est pratiquement le seul grimoire à expliciter dans le détail la manière de procéder.

Comment réaliser un pacte

En principe, cela se passe dans un cercle et le magicien qui opère doit suivre les instructions des *Clavicules de Salomon* : alimentation de mets interdits selon les rites anciens, invocations nécessitant une flamme ou un brasier et la signature d'un contrat avec du sang provenant du bras gauche, tous ces détails constituant un excellent manuel de pactologie.

On s'adresse aux démons, aux esprits mauvais, si l'on vise des résultats plus ou moins malfaisants, envoûtements d'amour ou de haine principalement, ou d'avantages personnels, ce que nous retrouvons dans l'immortel *Faust* de Goethe.

D'après la croyance populaire, celui qui a souscrit un pacte avec le diable perd son double. Il ne reçoit aucune image de lui lorsqu'il se regarde dans un miroir. Aucune ombre ne le suit lorsqu'il marche au soleil !

Mais pour contraindre les démons à obéir, il faut connaître parfaitement leurs noms et leurs particularités. Le nom juste, je l'ai dit, est essentiel en magie, et tous les grimoires témoignent de cette loi. Chaque démon a sous ses ordres des légions et il suffit de connaître les noms des chefs pour s'assurer de l'obéissance de leurs troupes.

Une fois le pacte signé, on peut tout obtenir : jeunesse, puissance, séduction, richesse, mais cela n'est qu'éphémère, seulement une vingtaine d'années et au bout de ce temps le suppliant doit abandonner son âme au diable. Et cela pour l'éternité !

Un pacte célèbre est précieusement conservé à la Bibliothèque Nationale de France, celui signé du sang d'Urbain Grandier, l'infortuné prieur de Loudun accusé d'avoir ensorcelé les religieuses de son couvent, ainsi que la supérieure. Selon les aliénistes, les religieuses présentaient les symptômes typiques « d'une hystérie fort particulière ». Mais les exorcistes s'entêtèrent et l'abbé Gault, parmi les plus acharnés, réussit à déloger quelques démons et leur fit signer une promesse :

« Je promets en sortant du corps de cette créature de luy faire une fante au desous du cœur de la longeur d'une éingle nesemble à la chemisse corps de cote et sotane laquelle fante cera sanglante et ce demain vintiesme de may à six heures après midi iour de samedi et promes aussi que gresil et mand feront aussi leur ouverture en la mesme manière quoy que plus petite et aprouve ce que leviatam behemot beheric on promis de faire avec leur conpagnons pour signe de leur sortie sur ce registre en leglisse se ste croix fact vingt-neuf may 1629, Asmodée. »

Complétant le pacte de Grandier, cet étrange document est également conservé à la Bibliothèque Nationale de France. Les démons signèrent plusieurs autres documents dont Lucifer, Belzébuth, Élimi, Leviathan et Astaroth, ces dignitaires de l'enfer accusant Grandier de les avoir servis. Le dernier est daté du 16 juin 1634.

La malédiction d'Urbain Grandier

Cette même année, Grandier fut brûlé vif après qu'on lui eut brisé les jambes à coups de bâton. Il se passa alors une chose curieuse qui rappelle, j'en ai parlé, la fameuse malédiction prononcée sur le bûcher par le Templier Jacques de Molay, au sujet de Clément V et de Philippe le Bel. Grandier porta, lui, sa malédiction sur le père Lactance qui l'avait accusé, il le cita à comparaître devant le Jugement de Dieu dans un délai de 30 jours. Et le religieux mourut à la date donnée. Tous ceux qui furent mêlés à cette affaire moururent à leur tour et dans de bien étranges circonstances !

Qu'en déduire ?

La Bibliothèque Nationale de France détiendrait-elle de faux documents ? Serait-elle victime d'une telle duperie ? Ce qui est à retenir, c'est que ces documents ne furent pas détruits comme le stipulait le verdict, mais qu'une ultime décision les sauva. L'un d'eux est à demi brûlé comme si on l'avait retiré du feu !

De son côté, la Bibliothèque de l'Arsenal détient une collection unique de sceaux et de pentacles diaboliques ce qui, dans ce cas, semble accréditer la vérité historique du pacte. Bien entendu, plusieurs hypothèses sont ouvertes nous faisant opter, soit pour la valeur mythique et symbolique pure, soit pour le phénomène hallucinatoire proprement dit, ou pour une réalité concrète d'un ordre satanique quelconque, ce que semblerait justifier la métapsychique même si on accorde au phénomène une part d'exagération involontaire.

Alors, dans quelle réalité sommes-nous ?

Pendant de nombreux siècles, Satan a disposé de la conviction de milliers d'ecclésiastiques et de la profonde superstition de millions de gens du peuple sans parler des grands seigneurs, voire des rois et des empereurs. On aboutissait aussi à la condition suprême : la croyance.

Les démons répondaient aux invocations simples et l'on pouvait le démontrer, alors que l'Église se montrait toujours fort circonspecte pour reconnaître les miracles de Dieu. Pour des gens désemparés, une prière en valait bien une autre ! Donc, s'il était impossible d'obtenir l'aide divine, peut-être n'en était-il pas de même avec l'assistance des démons.

Dans les cathédrales, des sculptures ont nettement contribué à vulgariser l'idée du pacte, notamment celle se trouvant à Notre-Dame de Paris, sur le tympan du portail latéral, dit du Cloître, et qui retrace l'histoire de Théophile, trésorier de l'église d'Adara, en Asie Mineure.

Cela se passe en 538, lorsque Théophile se voit dépouillé de sa charge par son évêque. Désemparé, le clerc s'en va trouver un magicien et à un carrefour, la nuit, tous d'eux se mettent à implorer le diable à l'aide de mots rituels, conventionnels. Aussitôt, dans une flamme, Satan apparaît et le marché est proposé. Théophile recouvrira sa charge, mais il devra vendre son âme au diable. Théophile a des remords. Non, il ne peut accepter un tel marché ! Il implore alors la Sainte Vierge, celle-ci finit par accepter sa supplique, arrache le pacte au diable et tout rentrera dans l'ordre. Histoire très chrétienne, nul ne le contestera.

Mais comment s'y reconnaître dans les innombrables récits de diables se manifestant sur la terre, surtout lorsqu'il s'agissait de petits démons d'ordre inférieur tapis dans les endroits sombres, les grottes, les lacs, la cime des arbres. On pensait que sortis de leur repère, ils se cachaient dans l'herbe que le bétail mangeait, puis à l'intérieur des animaux et enfin dans ceux qui les mangeaient, et leur influence se manifestait ainsi dans le « possédé ».

Des grimoires fournissent des détails précis au sujet des préparatifs, des rituels, des jeûnes, et des purifications, apportant au magicien l'arsenal nécessaire pour invoquer et se défaire d'entités surnaturelles.

Un déguisement trompeur

Dans les cercles magiques, lors d'un pacte, il arrivait quelquefois, si le nom était mal prononcé, qu'à la place du diable apparaisse un lutin de l'ordre inférieur qui se signalait par sa grossièreté inhérente et son absence totale de finesse.

Il est vrai aussi que les diables « possesseurs », n'apparaissaient que rarement sous leur aspect normal ou naturel et qu'ils savaient par leur intelligence, dissimuler les artifices les plus pernicieux sous un déguisement trompeur. Satan va même jusqu'à prendre le masque d'un bel ange se déclarant messager du ciel et affirmant que les dogmes établis contiennent beaucoup d'erreurs.

Les démonologues nous le disent, les démons appelés peuvent emprunter toutes les formes de leur choix. Par exemple Marchocias a des ailes de griffons et une queue de serpent, mais il peut aussi prendre forme humaine et répondre la vérité aux questions qu'on lui pose ; Astaroth, puissant seigneur, ressemble à un ange assis sur un dragon, il connaît le passé, le présent et l'avenir et raconte l'histoire de l'Enfer ; quant à Buer il peut se présenter sous l'aspect d'une étoile à cinq branches, il s'occupe des sucs bienfaisants des plantes et si on l'appelle, il se rend toujours fort intéressant.

Tous ces services éveillent notre suspicion

La récompense des démons n'est-elle point l'âme de ceux qu'ils aident ? Le danger, dans ces appels, c'est que Satan répond toujours au croyant hanté par le remords et que l'apparition oblige, soit à revenir vers le bien, soit à céder au mal par duperie. Ne dit-on pas, en effet, que l'Enfer est pavé de bonnes intentions ?

« L'esprit que j'ai vu
Peut-être le diable et le diable a le pouvoir
De revêtir une forme séduisante. »
Shakespeare *(Hamlet)*

Chapitre 22

Satan et les forces du mal

On l'appelle Satan, d'autres, simplement le diable. Son image, concrétisée par l'esprit, nous le fait apparaître comme un monstre noir occupant une place centrale dans les Ténèbres et cela dans presque toutes les mythologies.

Mais on lui prête aussi, chez les chrétiens, forme humaine. Il pouvait aussi apparaître comme un bouc répugnant ; dans le jardin d'Éden, c'est Azmodée qui prend l'apparence d'une vipère insinuante et onctueuse pour séduire Ève, tandis que d'autres peuples le représentent avec les pieds fourchus de Pan, des cornes, un corps velu et puissant, les parties génitales de Priape, la foudre de Zeus, la force de Moloch et l'enthousiasme débordant pour le mal de Set et de Mâra.

Et n'oublions pas la queue phallique indiquant que la vie est la grande jouissance, révolte furieuse contre des conceptions religieuses et les sept péchés capitaux traditionnels de l'Église Chrétienne qui sont : l'avarice, l'orgueil, l'envie, la colère, la gourmandise, la luxure et la paresse.

Péchés que le satanisme admet, car ils mènent tous à une satisfaction physique, mentale ou émotive.

Satan est doté d'une concupiscence démesurée, violemment sexuelle

Des écrits du Moyen-Âge rapportent que lorsqu'il apparaissait dans les sabbats des sorcières, il montrait un énorme pouvoir d'érection et qu'il pouvait s'accoupler à une centaine de femmes en une seule nuit. En ce sens le diable, dans sa forme définitive, constituait un excellent amalgame des anciennes conceptions, incarnant ainsi la sexualité de Pan, des satyres, de Dionysos et, bien entendu, de Priape.

Le symbole phallique, symbole de reproduction et de régénération, se retrouvait dans la mitre du Pape, le serpent dressé du fétichisme, le sceptre royal et aussi dans les flèches d'église et le caducée de la médecine moderne avec deux serpents entrelacés autour d'un phallus dressé qui symbolise la régénération de la vie.

L'Arbre de Mai originel, le taureau, le bouc revêtent à leur tour une valeur symbolique en raison de leur capacité sexuelle reconnue et l'on comprend que l'image chrétienne de Satan, avec sa queue dressée en forme de serpent, complétait parfaitement ce symbolisme.

Pour Satan, l'assouvissement des désirs charnels devient légitime. C'est cette affirmation exclusive de la passion et la traduction abusive et matérielle que dénonce Saint Augustin avec sa grande parole : « Aimez et faites ce que vous voudrez. » Méditons aussi sur la doctrine de M. Madrolle : *« l'acte d'amour le plus imparfait, et en apparence le plus coupable, vaut mieux que la meilleure des prières. »* Ainsi la vie est la grande jouissance et il faut en jouir au maximum ici-bas et maintenant !

Et pour cela le diable s'en prend avec violence aux dogmes et postulats de l'Église chrétienne qu'il inverse point par point : exemple l'étoile à cinq branches, ce pentagramme symbolisant, d'après les kabbalistes, les sens humains et les cinq éléments de la nature. Renversée, l'étoile devient le signe hiéroglyphique du bouc dans la magie satanique : la tête dessinée dans l'étoile avec les deux cornes au-dessus, les oreilles à droite et à gauche et la barbe en bas. Éliphas Levi voit dans cette image le bouc de la luxure attaquant le ciel avec ses cornes !

Mais le blasphème le plus épouvantable se trouve dans le monogramme kabbalistique de Jéhovah, avec le jod et le hé renversés : *« La fatalité seule existe : Dieu et l'Esprit ne sont pas. La Matière est tout, et l'Esprit n'est qu'une fiction de cette même matière en démence. La forme est plus que l'idée, la femme plus que l'homme, le plaisir plus que la pensée, le vice plus que la vertu, la multitude plus que ses chefs, les enfants plus que leurs pères, la folie plus que la raison. »*

C'est exactement ce qui est écrit avec du sang sur les hosties miraculeuses de l'extatique Eugène Vintras, toujours selon Éliphas Levi.

Dans le rituel encore tout est inversé

La messe noire est une inversion et une parodie de la messe traditionnelle. Les habits de l'officiant sont noirs au lieu d'être blancs, les prières sont dites à l'envers, le blasphème remplace l'oraison, la sexualité tient lieu de chasteté et, bien entendu, on adore Satan au lieu de Dieu. Autrement dit, les adorateurs du diable doivent renier la foi chrétienne et rompre leur allégeance envers Dieu. Voici, comme nous le rapporte Saint Hyppolite, une déclaration de ce type toujours appliquée dans les sectes sataniques actuelles : *« Je renie le créateur du ciel et de la terre, je renie mon baptême, j'abjure le culte que j'ai autrefois rendu à Dieu. À toi je m'attache, Satan, à toi je crois. »* Une fois ces mots prononcés, le diable marque ses adorateurs de sa griffe, ensuite il les rebaptise avec de nouveaux noms qui seront inscrits sur un livre noir appelé : Livre de la Mort. Dès cet instant les fidèles doivent promettre de perpétuer le rite du sang.

Il y a aussi de la féminité dans le satanisme et dans Satan lui-même

Dans les traditions assyriennes présentant Lilith comme la grande démone des lieux maudits, il nous est dit que c'est elle qui séduisit Adam avant que celui-ci connaisse Ève, et que de cette union naquirent les démons. La Kabbale la présente, tantôt comme la femme, tantôt comme la sœur de Satan. Pour le Talmud, c'est la prostituée, la maîtresse des débauches.

Lilith-Satan nous rappelle une analogie évidente, c'est-à-dire qu'avant de s'appeler Satan, ce prince des ténèbres avait pour nom Lucifer, or, Lucifer, c'est Vénus ! Et Vénus est synonyme de « tentation de la chair ». Lucifer, prince de la « tentation » est donc directement lié à Vénus, déesse du charme, tout en rappelant que l'« étoile » que nous appelons aujourd'hui Vénus a porté le nom de Lucifer durant toute l'antiquité.

Rappelons aussi que pour les Phéniciens l'Astar syriaque, devenu Astarté, n'est autre que Vénus qui a pris le nom d'Astaroth, c'est-à-dire le diable. Force nous est alors de constater que Lucifer et Vénus, dans leur identité, coïncident très bien avec celle d'Astarté et de Satan.

Doit-on ajouter également que le 15e arcane majeur du Tarot nous représente le diable avec des seins de femme ? Tout cela, en effet, semblerait nous confirmer que le goût du péché est luciférien tandis que le péché lui-même est satanique. Et l'on comprend, avec cette différence, pourquoi il était nécessaire à l'Église de confondre Lucifer et Satan en un seul personnage tous deux, dégagés du point de vue moral et dogmatique, pouvant accomplir la fécondité nécessaire, la première résidant Lucifer, le porteur de Lumière et flambeau du Savoir, et la deuxième personnifiant le démon de la Connaissance, celui qui, avec la complicité d'Ève, a tenté l'homme par le fruit de l'arbre. Ce qui explique qu'à cause de son rôle dans le mythe judéo-chrétien, la femme n'a jamais été, pour l'Église, en odeur de sainteté.

La femme dans l'image chrétienne

L'Église chrétienne a toujours trouvé dans la femme incarnée la tentation avec l'image d'Adam qui est conduit au péché par Ève. Tertullien (deuxième siècle après le Christ), ne va-t-il pas jusqu'à dire : *« Femme, tu es la porte ouverte sur le diable. Tu as convaincu celui que le diable n'osait pas attaquer directement. C'est à cause de toi que le fils de Dieu a dû mourir. Tu iras toujours vêtu de deuil et de loques. »*

L'idée est reprise par Saint Paul, dans sa première lettre aux Corinthiens : *« Que les femmes se taisent à l'église, dit-il carrément, leur rôle n'est point d'y parler, mais de se tenir dans la soumission ainsi que l'exprime la Loi. »*

Certes, on connaît la misogynie de Saint Paul, mais toujours est-il qu'il contribue amplement à faire considérer le sexe comme l'instrument utilisé par Satan pour entraîner les hommes à la perversion, la femme n'étant, dans son œuvre de corruption, qu'une créature impure activement associée au diable et à laquelle l'homme doit, hélas, s'unir pour perpétuer la race. Ce misogynisme n'épargne pas Saint Augustin qui va jusqu'à blâmer Dieu qu'il accuse d'avoir institué la cohabitation charnelle. Comme si le Créateur avait fait une erreur en créant la femme alors qu'il aurait pu trouver un autre moyen d'assurer la descendance de l'homme !

Si l'on se penche sur des livres anciens comme le *Malleus Maléficarum* (1486), il nous est dit que *« La femme est un vivant imparfait qui déçoit toujours »*, du fait qu'il n'y avait plus assez de matière à Dieu après qu'il eut pétri l'homme. Il ne restait que des débris pour modeler la femme et c'est avec ces mêmes débris que furent créés les singes. Ainsi, la femme tiendrait le milieu entre l'homme et le singe !

Arrêtons et je demande pardon à mes lectrices d'oser rappeler ici de tels propos, mais peut-on aller contre les coutumes, les légendes et les traditions, chrétiennes ou autres, même les plus folles et les plus insensées ?

À l'ère du christianisme naissant, Satan se distingue nettement de Lucifer

Bien que composite, Satan garde son individualité et donne naissance à la démonologie, une science religieuse qui tente d'accréditer l'existence d'un prétendu royaume souterrain peuplé d'entités possédant des pouvoirs maléfiques et se déclarant les ennemis de l'homme. Je donne ici les noms de cette hiérarchie infernale présidée par Satan et ses deux principaux ministres : le prince Belzébuth et le grand Duc Astaroth.

Nous trouvons, parmi les esprits supérieurs : le premier ministre Lucifuge, le grand général Satanachia, le lieutenant général Algaliarep, le général Fleurety, le brigadier Sargatanas et le maréchal de camp Nébiros. Nous trouvons ensuite d'autres soldats au service des esprits supérieurs comme Bael, Agares, Marbas, Pruslas, Aamon,

Barbatos, Buer, Gusoyn, Botis, Bathim, Hur, San, Loray, Valefar, Farai, Ayperos, Naberus, Glosialabolas, etc. Je signale au lecteur qu'il est indiqué que ces noms ne doivent jamais être utilisés dans la fabrication des amulettes, talisman, pentacles, et pentagrammes divers.

Satan ou Asmodée ?

Toutefois, des confusions demeurent, notamment au sujet d'Asmodée que l'on a longtemps confondu avec Satan. Dans le Livre de Tobie, Asmodée devient le démon amoureux de la belle Sarah, et l'ancien dieu phénicien Baal Zébub devient Belzébuth. Selon Luc (XI-15) qui le nomme « chef des démons », ainsi encore tous les princes de l'Enfer s'associant à d'autres entités parfois plus élevées, bien que païennes, comme Béhemoth, Bélial, Dagon, Léviathan, vieilles divinités qui aideront à identifier Satan, lequel ne sera définitivement légalisé qu'au Concile de Tolède, en 447 après J.-C.

Mais Asmodée n'a jamais rien perdu de son identité

Asmodée reste le diable associé à Satan, car c'est bien lui qui apparaît dans le Jardin d'Éden sous la forme d'un serpent pour séduire Ève, lui ce grand séducteur à la malveillance sournoise et à la sexualité amorale, lui qui, sous le nom hébreu d'Ashma Daewa, est le « gardien » du trésor du Temple de Salomon, et lui encore dont on trouve la statue dans l'église de Rennes le Château, dans cette région du sud de la France où, selon la petite histoire, les Visigoths d'Alaric auraient déposé une grande partie du trésor biblique. Comme si Asmodée, depuis Jérusalem, continuait à assurer la garde de ce mystérieux trésor !

Pourtant, et si l'on en croit le Lemegeton (La Petite Clavicule), Asmodée n'a pas été, à l'origine, le démon malfaisant et toujours débauché. On le présentait comme « un grand roi fort et puissant avec une triple tête de taureau, d'homme et de bélier, au pied palmé de l'oie, chevauchant un dragon infernal, enseignant l'arithmétique, la géométrie, l'astrologie et tous les travaux d'artisanat, répondant par la vérité aux questions qu'on lui posait ».

Mais cet érudit, sans toutefois être Satan lui-même, se dégrada et les chrétiens le revêtirent de tous les maux, y compris la lubricité. On le disait « prince des libertins » et devait se révéler comme l'un des disciples les plus efficaces de Satan, poussant à l'adultère, à l'amoralité et au divorce. Achevant de se modifier, il devint l'un des plus grands démons de l'Enfer.

Satan est toujours resté le grand rival de Dieu

Mais revenons à Satan. Pour affermir son pouvoir, l'Église a fait de Satan un être entouré d'une vaste hiérarchie souterraine. Tout ce qui différait du culte chrétien était l'œuvre du diable et durant des siècles athées, païens, hérétiques de toutes sortes, ne méritèrent ni grâce ni salut. On encourageait même les « satanistes » à se dévoiler et à se repentir pour permettre à l'Église de les châtier.

Dans certains pays catholiques, on récompensait même ceux qui soutenaient l'œuvre de Dieu et l'Histoire n'oublie pas le Directoire inquisitorial d'Eymerich, en Espagne et l'infâme et paradoxal Torquémada, qui s'organisèrent comme s'il s'agissait d'un véritable conflit armé, un système comprenant des espions, l'octroi d'un butin, l'offre de primes et de récompenses pour la bravoure des armées toujours prêtes à combattre !

Le régime féodal place Satan dans une situation de premier plan

Nous assistons, au Moyen-Âge, à la soumission totale à une forme de dictature. L'analphabétisme, la misère, la saleté favorisaient, en effet, les idées de superstition qui ne pouvaient qu'affermir l'autorité de l'Église. Et lorsque la grande peste de 1348 balaya l'Europe en décimant les deux tiers de la population, il fallut bien trouver un bouc émissaire à cette calamité. Philippe le Bel en rendit les lépreux responsables et les fit brûler vifs sur les bûchers, ensuite ce furent les juifs d'Europe que l'on massacra à 90 %. Et puis l'Église se dressa : « Non, non, se récria-t-elle, c'est l'œuvre de Satan ! » Et le monde accepta la parole de l'Église comme parole d'Évangile !

Une grande proportion d'hommes et de femmes croyaient à la réalité des forces malfaisantes, et c'est ce qui explique les nombreux procès où la plupart des accusateurs considéraient de leur devoir d'obtenir des informations nécessaires par des « interrogatoires corporels », la souffrance de l'accusé étant le seul moyen de le faire parler même si pour un sorcier brûlé, deux autres prenaient la relève.

L'inutile terreur de l'an mille avait d'ailleurs extraordinairement favorisé cette floraison de sorcellerie. Les sorciers étaient craints à cause de leur mystérieux savoir et lorsqu'on les menait à la mort les gens d'Église, eux-mêmes, pensaient qu'ils emportaient en Enfer leurs terribles secrets, comme ce fut le cas des Templiers qui, traités comme sorciers, furent avant tout de très hauts savants magiciens.

Il est alors question de Sabbats

Force nous est de constater que bien avant de subir la dictature de l'Église chrétienne, les sabbats, dont les origines remontent à plus de 4000 ans, ressemblaient plutôt à des jours de fêtes populaires auxquelles participaient des gens du peuple, des barons, des chevaliers et même parfois des évêques et des rois.

Pour les sabbats classiques, cela semble avoir duré jusqu'en 1381, avec des rituels qui imposaient, aux soi-disant sorciers de « la religion antique », d'être nus au cours des réunions, la nudité étant un signe d'égalité et de liberté. À rappeler à ce propos la célèbre toile de Dürer qui nous montre quatre sorcières issues de quatre classes de la société et présentant leur nudité en signe d'égalité.

Des croyances millénaires faisaient aussi appel à la danse circulaire symbole de pouvoirs et exécuté dos-à-dos et deux par deux entre hommes et femmes. C'était suffisant, et on le comprend, pour que l'Église intervienne dans ces « obscénités » auxquelles s'ajoutaient toutes sortes d'accusations dont le diable était rendu responsable.

Pour l'Église chrétienne, le diable est responsable de toutes ces pratiques, il faut donc combattre Satan et ses suppôts. L'Église n'accepte pas le libertinage et les idées qui contrarient le dogme. Si l'on en croit les attestations, les aveux et les faits mentionnés dans les écrits moyenâgeux, on nous présente les sorcières sabbatiques comme des créatures capables d'entrer en contact avec les démons et bon nombre d'esprits malfaisants pour se concilier la faveur des puissances infernales.

On les accuse de mutiler des cadavres pour y choisir les ingrédients qui composent leurs charmes, de fabriquer des philtres magiques, des breuvages et des onguents issus de plantes diaboliques ou d'amours coupables avec des démons. Et c'est le bûcher pour des milliers de sorciers et de sorcières, alors que des analystes sérieux affirment que les sabbats relèvent de la pure imagination. Il est difficile de prendre position, étant nous-mêmes tiraillés entre ces auteurs qui se recoupent eux-mêmes depuis des siècles, et d'autres se fondant sur des idées tirées de simples déductions.

Il est vrai aussi que les recettes de l'électuaire qu'on absorbait aux dates rituelles donnaient aux adeptes l'illusion d'avoir vraiment participé à ces sabbats. Mais doit-on pour autant affirmer que les sabbats n'ont jamais eu lieu, si nous écartons, bien entendu, les rites de Magie Noire qui ne doivent pas être confondus avec les pratiques sabbatiques. C'est d'ailleurs de cette confusion qu'est venue l'utilisation abusive du mot sabbat dans bon nombre de manifestations collectives relevant plutôt de la Magie Noire que de la simple débauche païenne, même si cette dernière a pu, quelques rares fois et en certaines occasions, revêtir les parements de la « sorcellomanie », selon l'expression d'Émile Faguet.

Si pour le grand sabbat trimestriel on s'y rend – selon la crédulité populaire – à cheval sur des boucs, des manches à balai et des pelles à feu, la Magie Noire, elle, réunit ses gens à minuit, près d'un étang, d'un gibet, d'une ruine ou dans la solitude des bois, et ceux qui y viennent pour la première fois sont rituellement instruits des moyens de se livrer corps et âme à Satan.

Les nouvelles recrues procèdent à la préparation des breuvages des poudres, des onguents. Après quoi on pratique une cérémonie qui consiste à baiser l'incarnation de Satan, d'abord la main gauche, ensuite la bouche, la poitrine, le dessus du cœur et les parties intimes. Comme toujours, Dieu est blasphémé, les prières sont dites à l'envers et l'on vénère, dans une furibonde ivresse, toute cause discordante, antipathique aux lois harmonieuses de l'univers.

Mais il y a aussi les sacrifices des jeunes enfants non baptisés ou de vierges de blanc vêtues, dont le sang est apporté au président du sabbat qui le boit et le fait boire à ses adeptes.

Le repas est généreux, les mets et les vins sont délicieux. D'autres prétendent qu'on n'y servait que des crapauds, de la chair de pendus et de chats noirs putréfiés, le sel et l'huile étant bannis de même que tout ce que bénit l'Église. On ne saurait rapporter sans dégoût encore certains repas composés avec la chair de jeunes enfants, de cervelles de nouveau-nés mêlés à la fiente de hibou, d'herbes arrachées dans les cimetières ou au pied des sépulcres et autres ignominies de ce genre préparées dans de grands chaudrons où mijotent crapauds, reptiles et entrailles de suppliciés ou de pendus. Il nous est aussi parlé de préparations qui donnent aux hommes le pouvoir de lycanthropie, c'est-à-dire de se transformer en loup-garou.

La plupart du temps ces festins ont lieu dans des cimetières, sans parler d'actes obscènes, d'orgies sexuelles aux proportions monstrueuses et de pires débauches, exécutées au son d'un tambourin et d'une flûte. Lorsque la frénésie devient générale, le diable s'accouple avec la sorcière de son choix pendant qu'une messe sacrilège est dite par des prêtres noirs se servant d'une hostie et d'un calice noir. Le sabbat s'achève au chant du coq et chacun s'en retourne chez soi.

Les sabbats existent encore aujourd'hui

Comme je l'ai dit, il ne faut pas mélanger sabbats et messes noires, mais qu'importe le nom qu'on puisse leur donner, il faut bien préciser qu'aujourd'hui encore, cornes et sabots, queues fourchues et soufre font toujours partie de l'imagerie populaire. Ces réunions en l'honneur du diable sont réalisées au cours d'un repas composé de mouton et veau rôti, de vins et de gâteaux, ceux-ci étant pris à l'intérieur d'un cercle. Les danses étant pratiquement les mêmes que celles d'autrefois.

En 1966, aux États-Unis, Anton Szandor La Vey, s'était rendu célèbre en fondant « l'Église de Satan », à Los Angeles, une démarche à la fois spirituelle et psychologique beaucoup plus luciférienne que satanique (les mots étant pris au sens théologique habituel), une démarche voulant légitimer l'assouvissement des désirs charnels, ce qui allait bien entendu, à l'encontre des dogmes et postulats chrétiens. En un mot il fallait lever les barrières qui empêchent le libre épanouissement moral et charnel de l'homme. Son argument ? Simple : « Le milieu dans lequel l'homme évolue, disait-il, ne change-t-il pas selon les époques ? De ce fait aucun idéal humain n'est fixe ! »

Les réunions qu'il organisait ont fait grand tapage, elles ont même inspiré Roman Polanski pour la réalisation de son célèbre film *Le Bal des Vampires*.

En 1979, Raymond Buckland, dans son *Witchcraft from the inside*, rapportait que sa propre assemblée célébrait huit sabbats annuels. Il déclarait que les membres de son mouvement, entièrement nus, se purifiaient dans l'eau salée et dans un cercle de trois mètres de diamètre, et que tout le monde chantait en écoutant la grande prêtresse leur lire des extraits du *Livre des Ombres*. S'ensuivaient alors toutes sortes de pratiques impies qui rêveraient Satan et des messes noires pendant lesquelles une femme nue servait d'autel.

Plus près de nous, en France, nous avons le témoignage de Jean Thomas, un journaliste parisien qui a été invité à assister à une réunion des « Frères et Sœurs de l'Observance du Malin. » Les scènes sataniques se déroulent autour de six cierges noirs et d'un bouc assis dans un fauteuil d'osier et foulant un crucifix. Une vieille et hideuse créature joue le rôle d'enfant de chœur tandis qu'une jeune et belle femme déchire ses vêtements, prête à offrir son corps pour le sacrifice. Une fois sur l'autel, entièrement nue, elle se tord, gémit, jusqu'à ce qu'un prêtre lui glisse des hosties noires dans le vagin !

Je ne pense pas qu'il soit utile de répéter les pratiques abominables, déjà révélées plus haut. Le lecteur devra simplement comprendre qu'elles sont restées les mêmes depuis plusieurs siècles. En conclusion, disons que le sabbat, de nos jours, puisqu'il faut l'appeler ainsi, est devenu un véritable article de foi pour les intelligences frustrées, étrange mélange aussi de mysticisme, de sottise et de superstition bête à en pleurer.

Et pourtant… pourtant, le danger demeure, même si Satan et ses démons n'ont aucune existence réelle, même si les pratiques et les rituels sabbatiques ne sont que de lamentables parodies, c'est ce qui en découle qui nous fait frémir, dans une société qui a perdu toutes ses illusions, où crimes, massacres, bassesses, vols, tromperies sociales et politiques, lâchetés, bombes anonymes et tueries masquées revendiquées derrière un écran, font partie d'un quotidien qui n'a même plus la possibilité de terrasser son dragon !

Voilà le côté démoniaque de la nature humaine laquelle, aujourd'hui, a perdu son Saint George, en forgeant sa propre Magie Noire et ses propres démons, car Satan, c'est nous-mêmes qui le créons chaque jour, en dégustant des pop-corn devant une télévision qui nous fait connaître le grand frisson aussi bien dans la fiction que dans la réalité ! N'oublions jamais que l'insouciance est la meilleure arme du diable !

En guise de conclusion

Au moment de clore cet ouvrage, rappelons que si la Magie et la Science s'opposent, l'une et l'autre sont complémentaires sur le fait que l'univers possède une face intérieure et une face extérieure.

Chacun dans sa spécialité, un occultiste ou un magicien, peut aussi être un savant comme il peut être un homme religieux ou un « sorcier » méconnu ayant découvert un procédé dont la science motivera le succès. Même opposées, Science et Magie ne restent pas isolées, la Magie étant souvent à l'origine d'anticipations scientifiques et la science comprenant quelquefois certaines affirmations magiques.

Souvent, et nous l'avons vu dans cet ouvrage, la Magie fait peur, mais la Science aussi, car toutes deux ont les mêmes couleurs : blanches et noires. Scientifiquement, aujourd'hui, la sorcellerie a changé de visage, les vieux rituels empruntant aux Forces Obscures ont fait place à des sciences redoutables porteuses de visions nouvelles qui excitent l'imagination. Les sorciers du XXIe siècle ne tracent plus de cercles pour appeler les esprits ni ne fabriquent des homoncules selon Paracelse pour en faire leurs esclaves, préférant, plus monstrueuses encore, une procréation de laboratoire appelée clonage, phénomène type de la sorcellerie moderne. Le monde actuel vit sous l'emprise de la terreur et de la violence, un simple déclic et boum, les « sorciers » font sauter la planète ! Les partisans du diable font campagne, la sorcellerie fleurit à chaque pas et les pouvoirs « surnaturels » jouent toujours le même rôle.

En arriver à ce point, nous ne pouvons que nous perdre dans un épouvantable cul-de-sac ! À moins que... à moins que notre humanité, et c'est l'espoir qui dominera cette conclusion, triomphe des tendances régressives en rouvrant, non point la porte interdite, mais celle auréolée de la Lumière que la Magie primordiale, la vraie, la divine, a offerte à l'homme depuis qu'il a croqué la Pomme de la Connaissance. Que l'homme sache aussi que le Blanc domine toujours !

FIN

Table des matières

Achevé d'imprimer en décembre 2021
dans les ateliers d'Evoluprint
31150 Bruguières